教育学理论的多维视角探索

张 璇 著

全国百佳图书出版单位 吉林出版集团股份有限公司

图书在版编目（CIP）数据

教育学理论的多维视角探索 / 张璇著. -- 长春：吉林出版集团股份有限公司，2022.8

ISBN 978-7-5731-2075-5

Ⅰ.①教… Ⅱ.①张… Ⅲ.①教育学-理论研究 Ⅳ.①G40

中国版本图书馆 CIP 数据核字（2022）第 156680 号

JIAOYUXUE LILUN DE DUOWEI SHIJIAO TANSUO
教育学理论的多维视角探索

著：张　璇
责任编辑：朱　玲
封面设计：雅硕图文
开　　本：720mm×1000mm　1/16
字　　数：160 千字
印　　张：8.5
版　　次：2022 年 8 月第 1 版
印　　次：2022 年 8 月第 1 次印刷

出　　版：吉林出版集团股份有限公司
发　　行：吉林出版集团外语教育有限公司
地　　址：长春市福祉大路 5788 号龙腾国际大厦 B 座 7 层
电　　话：总编办：0431-81629929
印　　刷：涿州汇美亿浓印刷有限公司

ISBN 978-7-5731-2075-5　　定　价：51.00 元
版权所有　侵权必究　　举报电话：0431-81629929

前 言

当下，人才资源已成为最重要的战略资源，人才在综合国力竞争中越来越具有决定性意义。适应国内外形势的发展变化、完善社会主义市场经济体制、牢牢掌握加快发展的主动权的关键在于人才。因而，必须把人才工作纳入国家经济和社会发展的总体规划，大力开发人才资源，走人才强国之路。

教育是培养人才的基础，强国必谋强教，强教支撑强国。教育发展水平是一个国家发展水平和发展潜力的重要标志，世界经济强国无不都是教育强国。改革开放以来，我国教育在教育优先发展战略指引下，不断探索，不断超越，取得了一个接一个历史性、阶段性的重大进展，为国家经济社会发展和民生改善做出了重大贡献，但与此同时我们又面临着前所未有的挑战。我们必须按照面向现代化、面向世界、面向未来的要求，坚持教育为社会主义现代化建设服务，为人民服务，以社会需求为导向，大力推进教育创新，提高教育质量和管理水平。

但凡和人打交道就会发生知识交换，但凡有知识交换就有教育存在。教育学是有目的地培养人的活动，是一个大的学科门类名称，是一类研究教育现象及其规律的社会科学，也是一门基础性强的学科，其应用非常广泛。教育学理论高度阐述教育基本原理，又从应用的角度切入时代问题，同时还引导学生从实践中感悟教育，形成教育系统知识。教育学的根本价值，就是给国家提供具备崇高信仰、高尚道德、诚实守法、精湛技艺、博学多才、多专多能的人才，培养和养育经济与社会发展需要的劳动力，培养合格公民，为国、为家、为社会创造科学知识和物质财富，推动经济增长，推动民族兴旺，促进人的发展，推动世界和平和人类发展。为了有效地进行教育活动，必须对其进行研究。特别是现代社会的发展，现代教育实践的发展，对于教育学研究提出更新、更高的要求。

本书是一本探讨教育学理论的著作。本书简要阐述了教育的基础知识，包括教育的基本概念、教育的基本目的、教育与发展、学校的管理及其发展趋势；而后从不同的视角出发分别论述了教育心理学、教育评价学、家庭教育学、远程教育学、终身教育学等方面的内容。

  本书在写作过程中得到了相关领导的支持和鼓励,在此表示感谢!在写作过程中,作者广泛参考、吸收了国内外众多学者的研究成果和实际工作者的经验,在此,对本书所借鉴的参考文献的作者、对写作过程中提供帮助的单位和个人致以衷心的感谢!同时,有些参考的资料由于无法确定来源和作者,因此没有在参考文献中列出,为此表示深深的歉意。在写作本书时,得益于许多同人前辈的研究成果,既受益匪浅,也深感自身所存在的不足,对此希望广大读者与专家、学者予以谅解,并提出自己的宝贵意见,以便修改完善。

目 录

第一章 教育概述 ... 1
第一节 教育的基本概念 ... 1
第二节 教育的基本目的 ... 3
第三节 教育与发展 ... 7
第四节 学校的管理及其发展趋势 ... 15

第二章 教育心理学探索 ... 23
第一节 心理发展概述 ... 23
第二节 教育心理学基础知识 ... 26
第三节 心理差异与因材施教 ... 32
第四节 教师的心理素质与心理健康 ... 39

第三章 教育评价学探索 ... 44
第一节 教育评价概述 ... 44
第二节 教育评价的基本方法 ... 49
第三节 教师评价的原理与方法 ... 52
第四节 教育评价制度的改革 ... 57

第四章 家庭教育学探索 ... 66
第一节 家庭教育的理论基础 ... 66
第二节 家庭教育的内容与原则 ... 72
第三节 家长素质与家庭教育 ... 76
第四节 特殊人群的家庭教育 ... 79

第五章 远程教育学探索 ... 86
第一节 远程教育学的理论基础 ... 86

第二节　远程教育的基本模式与常用方法……………………… 91
　第三节　远程学习的特征与对策探索……………………………… 99
　第四节　远程教育资源与质量管理………………………………… 101

第六章　终身教育学探索……………………………………………… 108
　第一节　终身教育的提出…………………………………………… 108
　第二节　终身教育的基本流派……………………………………… 114
　第三节　终身教育的外在表现形态………………………………… 117
　第四节　终身教育未来发展展望…………………………………… 123

参考文献………………………………………………………………… 127

第一章 教育概述

教育伴随着人类的起源而产生，随着人类社会的发展而不断地发展。它通过对人的培养而服务于社会和个体，是一种培养人的社会实践活动。不同社会历史时期的教育活动尽管各有差别，但是教育活动总是有规律可循的。教育学的任务就在于揭示教育活动的客观规律、原理及方法，从而指导丰富多彩的教育实践活动。

第一节 教育的基本概念

一、教育一词的由来

由于教育本身在不断发展，人们对教育的认识不断深入，因而关于教育的含义也在不断发展和深化。"教""育"这两个字，在我国最早出现在甲骨文中。在先秦古籍中，大都只用一个"教"字来论述教育的事情。最早将"教""育"二字用在一起的是孟子，他说："得天下英才而教育之，三乐也。"（《孟子·尽心上》）。

在西方，"教育"一词，英文为 education，法文为 éducation，德文为 erziehung，"教育"一词含有"引出"的意思。[①] 但是，到底什么是教育，古今中外却有很多不同的解释。比如，孟子认为人性本善，教育的意义在于"存心养性"，使固有的善性得到保持。荀子认为人性本恶，教育的作用在于"化性起伪"，使人的本性得到人为矫正。在他看来："以善先人者谓之教。"（《荀子·修身》）《学记》则说："教也者，长善而救其失者也。"东汉许慎在其所著《说文解字》中说："教，上所施，下所效也。""育，养子使作善

---

① 罗廷光. 教育概论 [M]. 北京：世界书局，1933：2.

也。"卢梭认为："教育应当依照儿童自然发展的程序，培养儿童所固有的观察、思维和感受的能力。"[①] 裴斯泰洛齐（J. H. Pestalozzi）认为："教育的目的在于发展人的一切天赋力量和能力。"[②] 赫尔巴特说："教育的全部问题可以用一个概念——道德来包括。"[③] 这些说法，有的从社会发展的需要出发来解释教育，有的从人的发展需要角度来探讨教育的含义，有的则着重表述教育中教育者与受教育者的关系。虽然他们各抒己见，从不同的角度强调了教育的不同作用，但亦有其共同点，即教育是有目的地培养人的活动。

二、教育概念的界定

我们可以看到，教育是人类社会特有的一种自觉地有目的地促进人的发展的活动，主要是发生在年长一代和年轻一代之间的教导与学习互动，旨在促进受教育者的社会化与个性化，从初生的自然人逐步成长为能适应社会并能促进社会发展的人。在人类社会的发展过程中，教育是老一辈和新一代之间的文化传承机制，也是社会发展和个人发展相互作用的机制。这种机制主要是通过学习、运用、创新前人或他人积累的经验包括语言、文字、生产、治理、科学、技术等方面的知识以培养社会和时代所需要的人和各种专门人才来实现的。故教育是人的发展与社会发展的中介活动，其主旨在于以人为本、育人成人，培养人成为他所生存的那个时代的社会实践主体，引导人和社会的持续发展。故有目的地培养人是教育的立足点，是教育价值的根本所在，是教育的本体功能。任何教育，只有通过有目的地培养人才能促进个人成长、服务社会发展。如果否定了教育的育人价值，也就否定了教育的社会价值，教育对社会便将无所作为。

教育是随着社会的发展而发展的，因而人们对教育的认识及其概念的界定，也会随着教育的发展而相应地发生变化。在原始社会的初期，教育就已存在，但并没有从社会生活中独立出来，没有成为人们关注的对象，也无须命名。随着学习书本知识以培养人才的教育成为一种专门的育人活动后，教育活动才受到人们的关注与命名。开始，人们对其称呼不一，在发展过程中逐渐统一称之为学校教育。而且，人们的教育视野长期受到学校教育实践的局限，难免很狭隘，往往只把上学读书当作受教育，不把家庭教育、劳动中师带徒教育和社会教育当作受教育，这是极其片面的，不利于我们正确认识教育的概念，

---

① 曹孚. 外国教育史 [M]. 北京：人民教育出版社，1979：124.
② 曹孚. 外国教育史 [M]. 北京：人民教育出版社，1979：159.
③ [德] 赫尔巴特. 普通教育学 [M]. 尚仲衣，译. 北京：商务印书馆，1939：185.

并有碍于协调和整合各方面的教育力量更好地培养人。当然,教育概念的外延很广泛,在运用时需要加以严格区分,否则会产生混淆,出现理论上的紊乱与差错,并危害教育实践。因此,有必要对教育概念做狭义与广义的区分和界定。

狭义的教育是指一种专门组织的不断趋向规范化、制度化、体系化的教育。当今,狭义教育主要指学校教育,包括全日制学校教育、半日制和业余的学校教育、函授教育、广播电视教育和网络教育等。它是根据一定社会的现实和未来的需要,遵循受教育者身心发展的规律,有目的、有计划、有组织地引导受教育者主动地学习,积极进行经验的改组和改造,促使他们提高素质、健全人格的一种活动,以便把受教育者培养成为服务一定社会的需要,促进社会的发展,追求和创造人的合理存在的人。广义的教育是指凡是有目的地增进人的知识技能,影响人的思想品德,增强人的体质的活动,不论是有组织的或是无组织的,系统的或是零碎的,有教育者教导的或是自我教育的都是教育。它包括人们在家庭中、学校里、亲友间、社会上所受到的各种有目的的影响与活动主体对所受到的影响自觉做出的认识、选择、对策、自我教育及自我建构。

第二节 教育的基本目的

人类的社会实践活动具有意识性、目的性。也就是说,人们开展社会生产和社会生活,是为了达到主体预设的状态和结果,从而实施特定的行为。所以,所谓目的,通常是指行为主体根据自身的需要,借助意识、观念的中介作用,预先设想的行为目标和结果。作为观念形态,目的反映了人对客观事物的实践关系。

一、教育目的概念解读

教育是培养人的社会活动,和其他社会实践活动一样,具有明确的目的性。同时,教育活动是培养人的特殊社会实践活动,其目的存在特定性。由于社会历史的不断发展,不同历史时期的教育活动主体不同,所处的社会条件也不一样,对教育的追求有所不同,这就使得对培养什么人的预期和设想不尽相同,导致不同社会和国家的教育目的存在差别,也就是对"培养什么样的人"有着不同的要求。因此,从根本上说,教育目的就是培养什么样的人的问题。所以,对于教育目的的概念,可以从两个层面进行理解,即把教育作为社会实践活动的目的性进行把握，而形成的广义教育目的；另一层面则是把教育作为特定社会和国家培养人的活动，形成的狭义教育目的。所以，广义的教育目的是指教育意欲达到的归宿所在和预期实现的结果，即人们希望受教育者通过教育在身心诸方面发生什么样的变化，或者产生怎样的结果。狭义教育目的是指一定社会培养的人的总要求，也就是一定社会（国家或地区）为所属各级各类教育的人才培养所确立的总体要求。教育目的是根据不同社会的政治、经济、文化、科学、技术发展的要求和受教育者身心发展的状况确定的。它反映了一定社会对受教育者的要求，是教育工作的出发点和最终目标，也是制定教育目标、确定教育内容、选择教育方法、评价教育效果的根本依据。

二、教育目的的结构

教育目的的结构包括内容结构和层次结构两个方面。

（一）内容结构

教育目的的内容结构是指教育目的的组成及其相互之间的关系。教育目的一般由两部分组成：一是对教育所要培养的人的身心素质及其结构做出规定，即指明受教育者在知识、智力、品德、审美、体质等方面的发展，以期望受教育者形成某种素质结构，这是对表现于教育结果之中的人的身心素质以及它们之间联系的规定；二是对教育所要培养的人的社会价值做出规定，即指明受教育者应符合什么社会的需要或为什么阶级的利益服务，这是对表现于教育结果之中的人的社会功能的规定。

教育目的的这两部分内容结构是不可分割的。表现于教育结果中的人的社会功能规定了人的身心素质及其结构；人的身心素质及其结构决定着它所能发挥的社会功能的性质和水平。

教育目的中关于受教育者社会价值和社会功能的规定对受教育者的发展起着定向作用，但教育目的结构的核心部分则是关于受教育者所要形成的身心素质及其结构的规定。之所以如此，主要是因为教育是培养人的活动，因此，教育目的一方面必须从社会发展的客观需要出发，另一方面也必须为受教育者未来的需要考虑，并在此基础上对受教育者身心发展的方向、内容和所要达到的水平做出切合实际的规定。只有这样，才能卓有成效地去指导教育活动，形成受教育者合理的素质结构，提高受教育者自身的价值。也只有在受教育者形成合理的素质结构的基础上，受教育者才能在社会实践中充分地发挥社会功能并创造社会价值，为某种社会目的和社会理想的实现做出自己的贡献。

（二）层次结构

教育目的的层次结构就是在国家总的教育目的的指导下，由各级各类学校的培养目标以及实现这些目标所必需的教学目标所构成的教育目标系列，它们由抽象到具体形成了一个完整的目标体系结构。由此可见，教育目的的层次结构主要由国家的教育目的、各级各类学校的培养目标和教师的教学目标组成。

1. 国家的教育目的

国家的教育目的在教育目的层次结构中处于最高层，体现了国家对人才质量的总体要求，是各级各类教育组织和机构必须遵循的总体要求，是衡量社会教育、学校教育、家庭教育质量高低的唯一标准。其表现形式最概括、最抽象，与其他层次的教育目的是一般与个别的关系。任何其他层次的、具体的教育目的，都应该符合国家层次的教育目的。

2. 各级各类学校的培养目标

各级各类学校的培养目标居于第二个层次，它是根据国家的教育目的制定的某一级或某一类学校、某一专业对人才培养的具体要求，是国家教育目的在不同教育阶段、不同级别的学校、不同专业方向的具体化。

教育目的与培养目标是普遍与特殊的关系。只有明确了教育目的，各级各类学校才能制定出符合要求的培养目标；而培养目标又是教育目的的具体化。教育目的是针对所有受教育者提出的，而培养目标是针对特定的教育对象而提出的，各级各类学校的教育对象有各自不同的特点，因此，制定培养目标需要考虑各自学校学生的特点。

不同国家的教育目的不同，培养目标也不相同。而在同一个国家，教育目的虽然相同，但是培养目标却不一致。不仅不同级别、不同专业、不同类型学校的培养目标有所区别，就是同一级别、同一类型的学校由于种种具体条件的不同，培养目标也不尽相同。

3. 教师的教学目标

教师的教学目标居于第三个层次，是指教育者在教育教学过程中，在完成某一阶段的工作时，希望受教育者达到的要求或产生的变化。

教学目标是一切教学活动的出发点和最终归宿，它既与教育目的、培养目标相联系，又不同于教育目的和培养目标。一般而言，教学目标与教育目的、培养目标之间是具体与抽象的关系。教育目的是最高层次的概念，它是培养各级各类人才的总的规定，各级各类学校的培养目标、教学目标都要依据教育目的制定。培养目标是中层次的概念，是对受教育者通过教学以后将来能做什么的一种明确的、具体的表述，主要描述受教育者通过学习后预期产生的行为变化。教学目标是最低层次的概念，更为具体，微观到每堂课甚至是每个知识内容，教育目的和培养目标是制定教学目标的依据。

培养目标是教学目标确定、实施和教学活动评价的基本依据，具有高度的概括性和抽象性，它必须通过一个个具体教学目标的完成才能够得以实现，而各教学目标之间是相互联系和相互影响的。教学目标的完成不一定能保证培养目标的实现，必须在培养目标的总揽之下，把握教学目标之间以及教学目标与教育目的之间的内在关系，才能保证培养目标的最终达成。

三、教育目的的功能

教育目的是一切教育工作的核心，是教育活动的出发点和归宿。它贯穿于教育活动的全过程，对一切教育活动具有指导意义，是确定课程与教学目标、选择教育内容与方法、评价教育效果的根本依据。概括起来讲，教育目的具有导向功能、激励功能、评价功能。

（一）导向功能

教育目的为受教育者指明了发展方向，预定了发展结果，也为教育工作者指明了工作方向和奋斗目标。教育目的的导向作用使教育活动有所依循，避免发生方向性的偏差。

（二）激励功能

教育目的是对受教育者未来发展的期望，具有目标导向性和一定的理想性，对教育行为具有一定的激励作用。它一方面激励教育者通过各种方式把教育目的转化为学生的学习目的；另一方面也激励受教育者积极参加教育活动，为了自己的未来而不懈努力。

（三）评价功能

教育目的是衡量和评价教育实施效果的根本依据和标准。这些标准能够对教育活动的方向、质量做出判断，从而评价教育活动的得失。只有注重发挥教育目的对教育活动的评价功能，才能更好地从根本上保证教育活动的正常进行。

第三节 教育与发展

一、教育与个人的发展

（一）人的发展的含义

发展，从哲学意义上讲，是自然、社会、人类思维的共同属性，它是一种连续不断地由低级向高级运动变化的过程，是一个不断地从量变到质变的运动过程。作为集自然、社会、思维属性于一身的人，他的成长也必然需要经历一个复杂的运动变化发展的过程。

人的发展，包含着人类发展和个体发展两个密切相关的层面不同的发展，根据本学科的研究意义和对象，我们主要讨论的是个体的发展。个体发展是指个体从出生到死亡的整个生命历程中身心诸方面不断发生变化的过程，特别是指个体的身心特点向积极的方面变化的过程，是人的各方面潜在力量不断转化为现实个性的过程。

个体发展是整体性的发展，主要包括三个方面：一是生理发展，包括有机体的正常发育、生理功能的逐步完善和体质的增强；二是心理发展，主要包括心理过程和个性心理的发展；三是社会性发展，主要表现为掌握社会经验和文化知识，习得社会关系和行为规范，形成人生态度和社会意识，提高社会实践能力，成长为能够适应并促进社会发展的现实的社会个体。个体发展的这三个方面，既有一定的相对独立性，又十分密切地联系在一起，在个体发展过程中形成相互制约、相互促进的关系。

个体发展的现实过程是十分复杂的。概括地说，个体发展是发展主体在与周围环境积极相互作用中，通过主体能动的社会实践活动实现的，其实质是个体生命多种实现的潜在可能转化为现实个性的过程。个体发展贯穿于生命的全过程，沿着一定的程序前进，表现出一定的阶段性和规律性，但不同个体的具体发展过程是连续性与非连续性的统一。这一过程是一个生命力不断涌动、消长，与外界环境不断相互作用，从而使人生不断构建、不断推陈出新的过程。

（二）教育对人的发展的作用

1. 教育在人的发展中起着引领作用

教育是有目的地培养人的社会活动，这是教育的质的规定性。教育，尤其是学校教育，作为有目的地培养人的社会活动，对人的发展起着主导作用。

教育作为一种有目的地培养人的社会活动，就是在一定的教育目的引领下，通过人的主体选择把人的发展中所蕴含的某一种或几种符合教育目的的可能因素在人的现实的发展过程中呈现出来，改变人在自然状态下自发的发展过程，以期形成教育目的所规定的理想品质。

2. 学校教育主要通过传承文化科学知识来培养人

教育主要通过文化知识的传承来培养人，文化知识是滋养人的生长的最重要的社会因素与资源。文化知识之所以对人的发展至关重要，主要是因为文化知识蕴含着有利于人的发展的多方面价值。

（1）知识的认识价值

学生掌握知识，意味着他对知识所指的事物的认识，弄清事物是什么，把握住事物的特性。学生掌握知识的广度和深度，制约着他对事物的视域和对世界认识的广度和深度，意味着他掌握认识的工具，意味着掌握认识的资料和资源。

（2）知识的能力价值

学生学习知识，不仅要掌握知识的内容，还要掌握知识的形式；不仅要获得对事物的认识，还要养成从心理上和行为上操作事物的方法和能力；不仅要学会善于传承文化知识技能，还要养成探究、发现与创新知识的意向，其中包括对信息的搜集、鉴别、筛选、加工的能力和倾向。

（3）知识的陶冶价值

学生经历科学精神和人文精神的陶冶，体验到以史为据的事实尺度和以人为本的价值尺度，体悟到人何以生存，为何生存，才能真正形成人生智慧，具有人生理想、人生抱负，担当起社会责任、人类责任，才能成为挣脱奴性、物性的大写的人。

（4）知识的实践价值

知识具有对社会实践的有用性或有效性。学生通过学习获取知识，认识事物特性，也就获得了通过社会实践改造事物的可能性。这对学生来说，大体上是一个将外在的知识转化为内在素质，又由内在素质外显为社会实践的过程。人们常说学习的目的全在于运用，在很大程度上就是强调知识的实践价值。

鉴于知识的多方面价值，要有效地促进学生的发展，教育必须引导学生尊重知识、热爱知识、主动学习、探寻真知、创造性地理解和运用知识，并在这个过程中使儿童的智能品德、个性和人格都获得发展，成为社会的主体。在教育过程中，要反对忽视和贬低知识、降低教育教学质量的倾向，同时也要克服教育脱离生活的弊端。

3. 学校教育对人的现代性有显著作用

在社会发展的不同阶段，教育对人的发展所起的作用并不完全相同。与古代社会相比，现代社会对人的发展和教育提出了越来越高的要求，教育对人的发展的作用也越来越大，这在人的现代性发展方面表现得尤为明显。我国正在进行社会主义现代化建设，人的现代化是社会主义现代化的重要基础和前提条件。我们应当自觉地优先发展教育，高度重视并充分发挥教育对人的现代化的促进作用。

4. 学校教育在人的身心发展中的主导作用及有效发挥的条件

（1）学校教育在人的身心发展中的主导作用

学校教育对人的发展，特别是对年轻一代的发展起着主导作用。

教育是一种有目的地培养人的活动，它规定着人的发展方向。学校教育能排除和控制一些不良因素的影响，给人以更多的正面教育，使人按照一定的思想政治方向发展，使年轻一代健康成长。

学校教育给人的影响比较全面、系统和深刻。学校教育根据一定的社会要求，按照一定的目的，选择适当的内容．利用集中的时间，有计划、有系统地向学生传授科学文化知识，并进行一定的思想品德教育。

学校有专门负责教育工作的教师。学校教育是通过专门培训过的教师来进行工作的，教师受国家的授权和社会的委托来教育学生。他们有明确的教育目的．熟悉教育内容，懂得教育的规律和方法，能自觉地促进学生的思想、学业、身心按照一定的方向发展。

（2）学校教育主导作用有效发挥的条件

①受教育者的主观能动性与身心发展规律

学校教育只是外部条件，是影响人的身心发展的外因，学校教育主导作用的实现，最重要的条件是必须通过学生自身的积极活动。个体主观能动性的发挥对人的发展起着决定性的意义，离开了学生自身的主观能动性，学校教育的作用就无从谈起。

②教育的自身状况

教育的自身状况包括：教育的物质条件、教师的素质、教育管理水平及其相关的精神条件等。

③家庭和环境的因素

家庭经济条件制约着儿童所能享有的教育资源的质量；家庭的经济状况制约着家长在儿童成长中精力和经济的投入程度；父母的文化水平对儿童教育有直接的制约作用；家庭的人际氛围对教育影响的发挥有干扰和促进作用。

另外，还应争取社区和其他社会力量的积极配合，协同一致地去教育学生，发挥多方面力量的优势，实现教育效果的最大化。

④社会发展状况

社会的生产力水平、社会的政治经济制度、整体的社会环境民族心态、文化传统等都会对教育功能的实现产生影响。

教育是一种培养人的社会活动，它通过培养人，促进人的发展，并与其他社会现象相互影响，相互作用，从而发挥自己的功能。教育的对象是人，主要是正在成长的年轻一代，他们的身心发展有其内在的规律。为了保证教育目的的顺利实现，教育还必须遵循年轻一代身心发展的规律。

二、教育与社会的发展

教育与社会生活的各方面都有着广泛的相互关系，其中最基本的是与社会生产力、社会政治经济制度和文化的关系。

(一) 教育与社会生产力的发展

1. 生产力对教育发展的影响

(1) 生产力的发展水平决定教育的发展规模和速度

任何社会教育发展的规模和速度必须取决于两方面的条件：一方面是物质资料生产能为教育的发展提供物质基础；另一方面是生产力发展、社会再生产对劳动力的需求程度，包括需要的劳动力总量和各种劳动力的比例。它们分别决定着整个教育发展的规模与速度、教育的体系与结构。

(2) 生产力的发展水平制约着教育的结构和人才培养规格

教育结构，是指教有机构总体的各个部分的比例关系及组合方式，如大、中、小学的衔接关系，职业学校与普通高校的比例关系等。生产力的不断发展引起社会对各级各类人才的需求结构的变革，进而引起各级各类教育的比例关系以及其中专业设置的比例关系的变化。同时，人才需求结构的变革导致人才培养的规格也随之发生相应的变化。在不同的时代，生产力对人才培养规格的要求有很大不同。

(3) 生产力的发展水平促进教学内容、方法和组织形式的变革和发展

生产力往往是伴随着科学技术而发展的。无论是生产力的发展还是科学技

术的进步，都会促进人类知识总量的不断增长和人类认识能力与思维水平的不断提高，由此就会促进学校课程体系和教育内容的不断变革。这集中表现在三方面：一是学校课程门类由少到多；二是学校教育内容越来越丰富和深化；三是现代教育技术设备的种类越来越多，越来越方便教学。

2. 教育对生产力发展的作用

教育一方面为生产力发展水平所制约，另一方面具有促进生产力发展的重要作用，主要体现在以下几个方面。

（1）教育再生产劳动力

劳动力的质量和数量是生产力发展的重要条件。教育承担着再生产劳动力的重任。教育再生产劳动力具体体现在以下几个方面。

①教育使潜在的生产力转化为现实的生产力。

②教育可以提高劳动力的质量和素质，使之获得一定劳动部门认可的技能和技巧，成为发达和专门的劳动力。

③教育可以改变劳动力的形态，把一个简单的劳动力训练成为一个复杂的劳动力，把一个体力劳动者培养成一个脑力劳动者。

④教育可以使劳动力得到全面发展，提高劳动转换能力，摆脱现代分工对每个人造成的片面性影响。

（2）教育再生产科学知识

科学知识是第一生产力，但是科学知识在未被用于生产之前只是一种意识形态的或潜在的生产力。必须通过教育才能把前人积累的科学知识传递给年轻一代，把潜在生产力转化为现实生产力。所以，教育是实现科学知识再生产的重要手段。教育再生产科学知识具体表现在两方面。

①教育可以高效能地扩大科学知识的再生产，使原来由少数人掌握的科学知识在较短的时间内为更多的人所掌握，从而提高劳动生产率，促进生产力的发展。

②教育也担负着发展科学、产生新的科学知识的任务，这在高校表现得尤为明显。

（二）教育与社会政治经济制度的发展

1. 政治经济制度对教育发展的影响

（1）政治经济制度决定着教育的领导权

社会中占统治地位的阶级总是通过对教育方针政策的颁布、教育目的的制定、教育经费的分配、教育内容特别是意识形态教育内容的规定．教师和教育行政人员的任命聘用等，实现对教育领导权的控制。

（2）政治经济制度决定着受教育权

在阶级社会中，统治阶级总是要采取种种直接或间接的手段，决定和影响受教育权在社会中的分配，决定谁享有受学校教育的权利，谁无享受学校教育的权利，谁有受什么样教育的权利等问题。

（3）政治经济制度制约着教育目的的性质和思想道德教育的内容

教育要培养具有什么样政治方向、社会价值和思想品德的人，以及为实现某种教育目的所要传授的政治理念、意识形态和伦理道德方面的教育内容，都直接受到一个国家政治制度的制约。不同的政治制度要求培养具有不同政治立场和思想意识的人，自然要求传递不同思想道德的教育内容。

（4）政治经济制度决定着教育体制

任何一个国家的教育体制都不存在固定僵化的模式，都要随着政治体制、经济体制的变革而变革。如中华人民共和国成立初期，根据政治经济发展的需要，为了适应当时高度集中的计划管理体制和以工业为主导的经济建设的要求，建立了集中统一的新教育体制。此后直到确立社会主义市场经济体制前，我国的教育体制基本上是高度集中型的。之后，社会主义市场经济体制逐步确立，我国逐步建立起与社会主义市场经济体制和政治体制、科技体制改革相适应的教育新体制。

2. 教育对政治经济制度发展的作用

（1）教育为政治经济制度培养所需人才

①教育通过培养社会治理人才和合格公民实现对政治经济制度的影响。这是教育作用于政治经济制度的主要途径。

②教育通过促进个人社会化为一定的政治经济制度服务。教育通过政治课教学、榜样的影响和组织受教育者参加校内外政治活动，完成年轻一代的政治社会化过程，为一定的政治经济制度服务。

（2）教育可以促进民主化进程

一个国家的民主程度直接取决于一个国家的政体，但又间接取决于这个国家人民的文化程度、教育事业发展的程度。教育普及的程度越高，人的知识越丰富，就越能增强人民的权利意识，认识民主的价值，推崇民主的政策，推动政治的改革和进步。要不断推进我国民主化的进程，就要加速我国教育事业的发展，不断提高全民族的文化水平。

（3）教育是一种影响政治经济的舆论力量

学校是知识分子集中的地方。学校的教师和学生的言论、教材、文章以及他们的行为，可以宣传某种思想、形成某种舆论，借以影响群众，服务于一定政治经济的现实力量。

(三) 教育与文化的发展

文化是一个很宽泛的概念，教育可看成是文化的一部分，但作为一种独立的社会存在，它们对社会的发展都具有不可替代的重要作用，因此，任何模糊或抹杀它们之间关系的做法都是错误的。文化可影响教育目的、内容、方法和价值取向，教育对文化发展也具有十分重要的促进作用。

1. 教育的文化功能

（1）教育的文化传承功能

教育是传承文化最基本和最有效的方式。在文字出现以前，人类文化的传递、保存主要通过口耳相授的方式进行。文字发明以后，人类文化的传承出现了革命性的变化，文化可通过文字储存、整理和创造，并变得规范、系统和多元，此时的人类文化，只有通过学校教育才能够实现传承。进入现代社会以后，虽然出现了多媒体传播文化的手段，但无论是文化的普及，还是文化的继承与创新，都离不开学校教育的作用。离开了学校教育，任何文化都将走向衰落，甚至失传、消失。

（2）教育的文化选择功能

为了有效地传递文化，教育必须对文化进行选择，发挥其选择功能。文化选择，是教育的应有之意，没有文化选择，就无法产生真正的教育，学校教育更是如此。教育对文化的选择，一般存在吸收、继承和排斥、拒绝两种方式：对文化中有价值的精华进行吸收、继承，对文化中没有价值的糟粕进行排斥、拒绝。作为控制教育的统治者，在文化选择中，还要考虑自身统治的需要，去选择那些与统治思想一致的文化，而排斥那些与统治思想相悖的文化。事实上，不同社会形态的主流文化，都会打上深深的阶级烙印。作为学校教育，文化的选择还要考虑学生的年龄特征及其发展的需要，选择那些基本的、系统的、科学的，并且符合真善美的文化内容作为学校课程，来培养年轻一代。教育的文化选择，不只是为了促进文化的发展和变迁，更主要的是为了提高人类文化的选择能力，从而用优秀的人类文化精华促进人类的进步与发展。

（3）教育的文化融合功能

文化具有地域性和封闭性，然而，随着科学技术的发展，社会政治、经济、文化的发展也从地域的封闭性走向了开放，特别是互联网时代的到来和经济全球化的出现，政治的相互影响和经济、文化的相互融合成为必然。

文化的融合，不是不同特质文化的简单相加，也不是一种文化对另一种文化的替代，而是要以某种文化为主，吸收其他文化的有益成分，引起原有文化的变化，从而形成一种新文化的过程。学校教育，特别是现代教育中出现的留学教育，对文化的交流与融合起到了十分重要的促进作用。学校教育中，通过引进外域不同文化的课程、最新学术成果与理论，来改造旧文化，创造新文化，形成不同文化的融合；留学教育中，通过留学人员、访问学者对当地文化的吸收及影响，实现不同文化的融合。现代教育促进了文化的交流与融合，推动了世界文化的发展以及民族文化的繁荣。

（4）教育的文化创造功能

没有文化的更新和创造，就没有文化的发展。教育不仅可以传承文化，而且还能创造文化，因此，教育，特别是学校教育，是文化传递、保存和发展的重要工具。

教育创造文化主要有以下途径：首先，教育在选择、传递、融合文化的过程中，取其精华，去其糟粕，实现古为今用，洋为中用，不断创造出适应时代需要的新文化。其次，教育直接生产新文化。教师在教育活动中，不仅要传授知识文化，而且还要通过课题研究，获得新的研究成果，创造新的文化。最后，教育通过培养创造性人才来创造新文化。学校教育为各行各业培养专门人才，他们在社会实践中创造新知识、新思想、新理论、新技术以及新方法，不断丰富着人类文化，推动文化向前发展。

2. 文化对教育的影响

（1）社会文化影响教育的价值取向

价值取向是文化的核心内容。社会文化所持有的价值观、态度、信念和舆论取向，往往会影响社会成员对教育的认识和态度，影响着社会对教育的重视程度、支持程度以及教育的投入，因此，文化对教育的价值取向既有积极影响，也有消极影响。我国传统文化的尊师重道、经世致用、知行合一、言行一致等价值观要传承，但传统文化中读书做官、墨守成规、轻视劳动、三从四德、尊天立命等思想要进行彻底的批判和剔除。

（2）社会文化影响教育目的的确立

教育目的首先是教育活动中人的价值选择，因此，教育目的的确立除了受诸如政治经济制度、生产力发展水平和儿童年龄特征等客观因素影响外，还受到社会文化当中的哲学思想、人格理想和人性假设等主观因素影响。

（3）社会文化影响教育内容的选择

由于文化具有地域性和封闭性，所以，不同地域、不同民族、不同国家就会有不同的文化。教育通过传承和创新文化来培养人，文化作为影响和培养人的重要因子，自然会影响教育内容的选择。

第四节　学校的管理及其发展趋势

一、学校的管理

学校管理是指学校管理人员遵循教育教学和管理活动规律，根据国家规定的教育方针、政策，运用科学的手段和方法，合理组织学校的人力、财力、物力、信息等资源，积极开展教育教学活动，协调一致地完成学校工作目标的一种有组织、有计划、有秩序的活动过程。

学校管理与学校相伴而生，有学校就有学校管理活动。任何组织的活动都以管理为前提和基础，没有管理就谈不上组织活动。社会主义学校管理以社会主义学校培养目标为依据，以现代管理理论和教育理论为基础，以国家的教育法律、法规和方针政策为保证，以学校教育目标和管理目标的实现为最终目的。

科学管理能够极大地促进我国学校教育活动不断发展和完善。实施科学的学校管理，对于做好学校工作、提高教育质量具有重大意义。

（一）学校管理的原则

学校管理原则是学校管理人员为有效地开展一系列管理活动所必须遵循的基本要求和行为准则。它是根据我国学校教育的性质、目的和任务以及管理活动的客观规律提出来的，是我国学校管理长期实践经验的总结。学校管理主要有导向性原则、整体性原则、民主性原则、科学性原则、规范性原则、有效性原则。

1. 导向性原则

导向性原则是指学校管理工作首先必须有坚定、正确的政治方向，落实立德树人的根本任务，坚持"教育必须为社会主义建设服务"。它是由我国的社会性质所决定的，是我国学校教育和管理必须适应政治经济要求的客观规律的表现。贯彻导向性原则，首先，学校管理工作必须坚持以马克思主义为指导；其次，要认真、全面地贯彻、执行党的教育方针政策；再次，要正确处理政治和业务的关系。

2. 整体性原则

整体性原则是指把学校工作视为一个整体，从学校整体出发，统一指挥，合理组织各个部门及各方面的力量，充分发挥整体优势，提高整体效率。学校本身是一个整体，学校中的各个部门、各项工作、各个层次、各类成员都是学校的组成部分。学校管理者要把这些组成部分合理组合，使之共同围绕学校整体目标充分发挥各自的积极作用，这样才能形成学校整体的最佳状态。

贯彻整体性原则，首先，要确立整体观念，注意顾全大局；其次，要把教学作为学校管理的中心；再次，要分工合作，统一指挥。

3. 民主性原则

民主性原则是指在实行校长负责制的同时，要实行民主管理，充分发挥全校教职员工的积极性，共同参与学校的管理工作，依靠群众的智慧和力量，把学校工作做好。办好学校必须依靠教职员工，依靠学校每个成员的主人翁意识和责任感，因此，应发挥他们的积极性和创造性。教职员工既是管理的客体，又是管理的主体。学校的每个成员、每个行政组织，既要参与管理，又要接受管理，都处在相互制约的体系之中，互相合作，互相监督，互相协调。

把学校管理单纯看成领导者管理群众，领导者可以居于群众之上，可以滥用职权为所欲为，这是完全错误的。我们必须看到，民主管理是决策科学化和权威性的基础，只有相信群众，依靠群众，善于激发和集中群众的智慧和力量，才能实行有效的管理。贯彻学校管理的民主性原则，首先，要调动学校全体人员的积极性，建立健全民主管理制度；其次，要依靠教师办学，充分发挥教师的积极性；再次，要发动学生，加强自我管理。

4. 科学性原则

科学性原则是指学校管理工作一定要按客观规律办事，正确处理主观与客观，理论与实际，传统经验与现代管理科学之间的关系。贯彻学校管理的科学性原则，首先，管理思想要科学化；其次，管理方法要科学化；再次，管理手段要科学化。

5. 规范性原则

规范性原则是指学校管理必须有目的、有计划、有组织、有控制地进行，形成一套合理、稳定而有序的规范，从而实现管理的科学化、制度化、程序化、系统化，以确保学校工作稳定、健康地发展。贯彻学校管理的规范性原则，首先，要办出学校的特色，形成良好的校风；其次，在学校管理中要注重管理者对学生的示范教育。

6. 有效性原则

学校管理工作必须讲求效益，做到低消耗、高质量、高速度，力求用尽可能少的人力、物力、财力和时间，取得尽可能好的工作效果。讲求效益，应该成为学校管理工作的重要指导思想。高效益是学校管理工作的基本目标。

在学校管理工作中，要使有限的人力、物力、财力和时间得到科学的配置，充分发挥其作用，首先，要运用科学的管理方法；其次，要充分发挥学校人力、财力、物力、时间和信息的效能。

（二）学校管理的一般方法

1. 行政管理方法

（1）含义

行政管理的方法是学校管理者依靠组织的权威，以上级赋予的权力直接作用于管理对象，从而实现管理目标的方法。行政管理的表现形式一般为命令、指令、规定、指令性计划、规章制度几种。

（2）行政管理方法的特点

①权威性。行政方法具有很强的约束力，使人不得不服从。这是因为各种命令和规定是各级领导集团发布的，是经社会代表的身份强化了的；同时，这些命令和规定执行的效果与奖励、惩罚直接联系在一起，这使得行政方法本身潜在威慑力量。

②强制性。这是指所有组织成员在职责范围内，必须毫无例外地执行有关命令、规则和制度。组织的力量在于全体或成员行动一致，形成合力。在现实中，组织中总会存在对同一问题的不同看法，等待意见完全一致才去行动只能耽误时机，甚至一事无成。所以，强制不仅是必要的，而且是不避免的。

③垂直性。为了保证命令的统一性和监督的有效性，行政命令应严格按照组织的层级自上而下地传达和执行。

（3）行政管理方法的优点与不足

优点是：①能使整个学校组织达到高度的集中统一，提高管理的效率。②针对性强。

不足之处是：①容易过分强调集中，不便于分权，不利于发挥下级的积极性和创造性；②它强调行政权威，这就容易将复杂问题简单化，从而造成失误；③由于管理信息在行政组织系统中纵向传递，层次较多，速度迟缓，不仅可能降低效率，还可能发生失真；④领导集体或领导者个人具有极大权力，因此对领导者个人素质依赖性较大，这样就容易使管理产生随意性。

2. 思想教育方法

（1）含义

思想教育方法是通过对一定思想观念的宣传，激发人们的思想，使之成为人们的行为动机，从而积极为实现组织目标而努力的方法。

（2）特点

①启发性。不以势压人，而是以理服人，以情动人，使人真正产生发自内心的动力。

②长期性。思想的转变不是一朝一夕能够奏效的，某种认识或价值取向的形成，是一个长期的过程，只有持续地深入开展教育工作才能有成效。

③广泛性。这是指思想教育所涉及范围宽广，无所不包。

（3）思想教育方法的优点和不足

优点：①注重思想沟通，有利于形成良好的组织气氛。②工作效果的实现与人员素质的提高紧密相连，觉悟提高，分析能力加强，因而效果易于持久。

不足：约束性差，见效慢。

3. 咨询参与方法

（1）含义

咨询参与方法是学校管理者依靠专业行家出谋划策，提供较好的意见方案，以做出正确决策，有效地推进管理的方法。

咨询参与的方法是依靠专业行家出谋划策管理学校的方法。这里的"专业行家"是个广义概念，它泛指某一方面或某些方面有经验、有能力的教师和教育行政干部，也包括各种专业研究人才。咨询参与的方法把决策、谋划的过程权力交给了"专家"（包括学校中有经验的教职员工），使"专家"完全处于主动地位，但咨询的结果（提交的意见方案）是否被领导者采纳，决定权还在领导者一方。

（2）咨询参与方法的特点

①合作性。咨询参与的方法把校内外"专家"组织起来，替学校领导出谋划策，实现校内外专家与学校领导相结合，共同决定学校重大问题，具有明显的合作性特点。

②激励性。咨询参与的方法把有经验的教职员工作为"专家"，请他们替领导拿主意。这是对下级的"重要性"的重视，也是对下级智慧的重视。而且，他们的意见也会以这样或那样的形式被采纳。这对下级参与学校管理的积极性的调动无疑会有很大激励作用。

③创造性。咨询参与的方法是集校内外专家的聪明才智，为学校工作提出诊断性意见。这些意见往往是超常规的，具有很强的创造性。

（3）咨询参与方法的优点和缺点

①咨询参与方法的优点

第一，作为参谋的被管理者处于主动，易于提高积极性。咨询参与方法可以把在某一方面或某些方面有经验的教职工视为"专家"，请他们提出改进学校工作的意见。这本身就是对教职工重要性的最大肯定，是对他们的最大尊重。当然有助于调动他们的积极性。

第二，环境气氛宽松平等，易于提出创见。咨询参与管理方法使管理者和被管理者处于平等的地位，平等地交换思想，提出见解，没有外在的约束力量，没有领导者的位置和权力限制，因此很容易提出反常规的有创见性的意见。

第三，丰富领导知识，便于科学决策。借助咨询参与管理方法，领导者不仅可以吸收校内专家，还可以聘请校外专家。他们的意见往往是既有经验，又有理论。当然可以大大丰富领导者的领导知识，便于领导者做出科学决策。

②咨询参与方法的缺点。

咨询参与方法的主要缺点是不容易统一每个人的意见。在领导者缺乏主见的情况下，甚至有可能形成各行其是的局面。

二、学校管理的发展趋势

（一）学校管理法治化

随着依法治国方略的确立，依法治教已成为党和政府管理教育的基本方针，而依法治校是依法治教的重要组成部分，将成为21世纪学校管理的必然选择。依法治校就是把学校管理纳入法治轨道，它有两个方面：一方面是政府及教育行政部门依法管理学校；另一方面是学校管理者依法管理学校。

为什么要依法治校？第一，依法治校是实施依法治国方略的必然要求。第二，依法治校是适应市场经济发展的客观需要。在计划经济体制下，学校和政府及其教育行政部门之间的关系是一种依附关系。政府主要依靠行政指令对学校进行管理，缺乏法律的规范，以致管得过死、学校被动僵化、缺乏生气。当今，为了适应市场经济的需要，学校必须拥有独立的法人地位和办学自主权，需要依法治校；况且，随着市场经济的发展，公民的权利意识的逐步提高，教师、学生及其家长的各种维权活动自然增多，学校管理者不可避免地会碰到一些新情况、新问题，学校必须依法治校。第三，依法治校是学校管理改革的需要。长期以来我国的学校管理主要靠"人治"。"人治"的最大特点是"权大于法"，人们往往服从权力而不重视遵守法律，因而学校管理中极易出现"以权代法""以官代法"的混乱、腐败局面，因此，必须依法治校。

为推进依法治校工作，学校管理者应采取以下措施。

第一，注重依法行政。依法行政是依法治校的前提和保障，因此，要求教育行政部门严格依据法律规定的职责对学校进行管理，维护学校办学的自主权；要探索综合执法机制和监督机制，依法监督办学活动，维护学校教育的正常秩序；要依法建立和规范申诉制度，建立面向社会的举报制度，及时办理教师和学生申诉案件，发现和纠正学校的违法行为，特别是教师侵犯学生权益的违法行为；要积极配合有关部门开展校园及周边环境的治理工作，保护学校的合法权益。

第二，加强制度建设。学校要依据法律法规制定和完善学校章程，经主管教育行政部门审核后，作为学校管理的重要制度；要建立健全学校教育教学制度，保障国家教育方针的贯彻落实；要建立健全学校行政制度，完善校长决策程序，发挥学校党组织的政治保障作用；要完善学校财务和资产管理制度，依法收费，依法管理好学校财物。

第三，推进民主建设。要进一步完善教职工代表大会制度，切实保障教职工参与学校民主管理和民主监督的权利；要全面实行校务公开制度，学校改革与发展的重大决策、学校的财务收支情况以及教职工的福利待遇和其他权益，应及时向教职工公布；学校的招生规定和收费项目与标准，应向学生、家长和社会公开；还要建立家长委员会和推动社区参与学校管理与监督，学校涉及学生权益的重要决策，要充分听取社区与家长委员会的意见。

第四，开展法治教育。依法治校的关键在于转变观念，学校要多采用学生喜闻乐见的方式，开展生动活泼的法治教育，提高师生员工的法律素养；学校领导与教师要带头学习法律知识，增强法治观念；要把具有遵纪守法素质作为考评校长、教师的重要内容。

第五，维护教师权益。学校要依法聘任合格教师，明确双方的权利与责任，尊重教师权益，保障教师的待遇；要建立校内教师申诉渠道，维护教师合法权益；要加强对教师的教育与管理，做到奖惩分明，严厉惩处教师侵犯学生人身权的违法犯罪行为。

第六，保护学生权益。要注重保护学生的人身和财产安全，建立与完善安全管理制度，以预防和减少学生伤害事故；要建立应对各类突发事件的工作预案，增强预防和妥善处理事故的能力；要健全学籍管理制度，依法保护学生的受教育权；中小学一般不得开除学生，对学生处分要做到公正、恰当，重在教育。

（二）学校管理人性化

学校管理是一种依靠人、通过人、为了人、促进人的发展的活动。只有坚持以人为本，实现学校管理人性化，才能调动广大师生员工的工作热情和积极性，有效地促进人的发展。不幸的是，现实中仍有一些学校管理者的行为背离了人性化要求。

人性化管理是指学校管理工作要以人为本，关注人的情感、满足人的需要、崇尚人的价值、尊重人的主体人格和地位。为了把这种理念付诸实施，第一，要考虑人的因素，一切要从人的实际出发；第二，要考虑个体差异，懂得每个人都有自己的思想、情感、兴趣和爱好；第三，要强调人的内在价值，通过激励的方式来提高工作效率；第四，要努力构建一种充满尊重、理解和信任的人际环境，增强教职工和学生的集体归属感；第五，要加强校园文化环境建设，充分发挥校园文化的管理和育人功能；第六，要转变管理观念和管理方式，贯彻管理即育人、管理即服务的思想。

（三）学校管理校本化

20 世纪 80 年代以来，美、英等西方发达国家相继提出了校本管理的理念，以促进学校管理校本化。在我国，随着新课改的深入，校本管理逐渐成为基础教育改革与发展的新趋势。

校本管理是指学校在教育方针与法规的指引下，可以根据自己的实际情况和需要自主确定发展的目标与任务，进行管理工作。简言之，校本管理即以学校为本位的自主管理。它强调管理的重心下移，把中小学校作为决策的主体，运用分权、授权、协作等组织行为学原理及其技术，来构筑学校与外部（教育行政部门、社区等）和学校内部（校长、教师、学生）之间的新型关系。校本管理具有以下两个特征：一是学校在财政、人事、课程与教学等方面都享有一定的自主权；二是注重校长、教师以及学生、家长、社区代表共同参与学校的主要决策与民主管理。

校本管理与传统管理相比有显著的优点。传统的学校管理是一种自上而下的"外控式"管理，它强调等级和集权，学校只能严格执行上级的指令。然而，在社会发展加速、人们对学校民主管理期望高涨的情况下，这种外控式管理很难适应形势发展，于是，一种校本管理便应运而生。由于权力下放，学校拥有了自主决策空间，可以根据自身实际情况来决定资源分配、课程设置、教学改革和人事决策等，从而激发了学校发展内在的生机与活力。

实施校本管理应注意做好以下工作。

第一，力行简政放权。让学校自主管理，必须拥有一定的自主权力，因而教育主管部门应当把学校本应具有的教育决策权、财权、人事权、课程与教学及其改革权逐步下放给学校，正确处理政府与学校之间的权力和职责关系。政府要善于通过立法、拨款、督导和信息服务等手段对学校进行引导与调控。学校则要充分发挥主动性、创造性，依法治校，把学校自主权力用好。

第二，倡导民主管理。政府将权力下放学校，不是交给校长个人，而是交给学校。所以，学校必须从集权管理转变为民主管理，想方设法让教职工、学生及家长参与学校管理。

第三，开展校本研究。校本管理的决策能力与效益的提高途径很多，但其中的有效方式就是开展校本研究。只有把学校自身的情况研究清楚了，自主决策才有针对性和实效性。

（四）学校管理信息化

在信息化时代，培养人才的学校也发生了巨大变化，在学校管理方面也呈现出新的特点，即管理的信息化。它表现在两个方面：一方面是学校对信息技术的开发和使用，把计算机、网络、多媒体等现代技术运用到管理上，以提高学校管理的实效；另一方面是学校管理方式的信息化，由过去的"人—人"管理、"人—物"管理转变为"人—机"管理，即注重对有关信息资源的管理。

信息化管理是管理的革命，它给学校带来了前所未有的变化：第一，学校信息系统的建立，改进了学校业务流程，减轻了管理人员的劳力，提高了管理效率；第二，学校集成化管理系统的出现，打破了部门之间的封闭与隔离，使学校人、财、物、时间、空间等信息得以快速有效地交流、传递、整合，并能便捷而清晰地呈现，实现了信息资源的共享，大大提高了管理者的决策效力和质量；第三，学校的公共服务呈现普遍性和跨时空的特点，教师、学生和家长都可以利用学校的信息。这样，信息服务的公开性提高了学校的服务水平和竞争力。

实现信息化管理，要加强硬件投入与软件开发，打好学校管理信息化的物质基础；要提高学校教职员工的信息管理素养，以保障信息化管理的运行；要完善学校信息化管理规章制度，以便学校信息化管理有效性。

第二章 教育心理学探索

教育心理学诞生于20世纪初,作为一门独立的学科,它与其他心理学分支学科一样,在百余年里飞速地发展着,并在全世界范围内的教育改革中发挥了独特的基础作用。教育心理学是一门交叉性特点鲜明的学科,其交叉性的特点主要表现在心理科学与教育科学的交叉、基础科学与应用科学的交叉、自然科学与人文科学的交叉上。本章首先分析了心理发展的有关内容,接着进一步论述了教育心理学的基础知识,探讨了心理差异与因材施教,最后阐述了教师的心理素质与心理健康等内容。

第一节 心理发展概述

一、心理发展的概念

心理发展是指个体从胚胎期到出生一直到死亡的过程中所发生的有次序的心理变化过程。这种变化与发展是逐渐的、连续而有规律的。它不仅包括数量的变化,更重要的还包括质的变化;不仅指向前推进的过程,同时也包括某些心理方面衰退、消亡的过程;不仅包括语言和认知方面的发展,也包括情感、个性、社会性等方面的发展。然而,并不是所有的心理变化都可以称之为发展,例如,由于病理原因而导致的心理上的变化就不属于发展。个体的心理发展有广义与狭义之分。广义的心理发展包括人类个体从出生到死亡的整个一生的心理变化。狭义的心理发展一般指人类个体从出生到心理成熟阶段的变化。研究人的心理发展的实质及其基本规律,对我们的教育工作实践具有十分重要的意义。

二、心理发展的一般规律

个体心理发展是一个极其复杂的问题，表现为连续性与间断性、发展的普遍规律与个别差异相统一的规律和特点，具体包括以下几个方面。

（一）心理发展是一个既有阶段性又有连续性的过程

心理发展根本的过程是连续的、不间断的过程。人的一生就是生理方面、认知方面和社会化等方面相互影响不断生长变化的过程。每一心理过程和个性特征都是逐渐发展着的，由简单到复杂，由低级到高级，从个体出生开始，这种发展就已经相伴随，但是，由于不同的人所处的环境和自身的素质的不同，发展的速度也各不相同。

在心理发展这一连续的过程中，"阶段"常常被视为一个重要的概念，每个阶段都是心理发展这一连续体的一个组成部分。阶段概念预示着在各个相继的发展阶段的连续性中有一个不连续的成分。每一个阶段都以不同的速度从前一个阶段中预示出来和产生出来，然而，它又并入下一个阶段并对它起作用。在生命的一定时期，心理发展总会维持一个相对平衡和稳定的阶段，每个阶段都具有在性质上不同于其他阶段的可分辨的心理发展特点。不同的阶段具有各自质的规定性和相对一致的年龄区间。各个阶段的质的规定性或各个阶段的特征是由个体在生理、认知、个性和社会化等各方面的发展水平所决定的。可见，心理发展是连续性与阶段性的辩证统一。

（二）心理发展具有一定的方向性和顺序性

身心发展在一定条件下总是具有一定的方向性和顺序性，而且是不可逆、也不可逾越的，并且在不同的文化背景下和不同的个体身上都表现出较高的一致性。譬如，在各种心理机能中，感知觉的发展最早，然后是运动机能、情绪、动机和社会交往能力的发展，而抽象思维的出现和发展最迟。通常个体的心理发展表现出如下年龄特征：出生至三岁，主要是直观行动思维；三岁至六七岁（学前期），主要是具体形象思维；六七岁至十一二岁（学龄初期），主要是形象抽象思维；十一二岁至十四五岁（少年期），主要是以经验型为主的抽象逻辑思维；十四五岁至十七八岁（青年初期），主要是以理论型为主的抽象逻辑思维。

（三）心理发展具有不平衡性

发展的不平衡性表现在不同系统在发展的速度、发展的起始与成熟时间有不同；也表现在同一机能特性在发展的不同时期（年龄阶段）有不同的发展速度。而从身心的总体发展来看，不同时期发展速度也不一样，如婴幼儿期和青春期发育较快，而成人期则发展较为平稳和缓慢，表现出发展的不平衡性。

（四）心理发展的个别差异性

尽管个体的心理发展遵循着颇为一致的规律，表现出与他人一致的共同性，但其发展又表现出相对特殊性，即个别差异。由于遗传素质、教育条件以及社会环境的不同，学生的心理发展也各不相同。各种心理机能开始出现和发展的具体年龄、发展的速度、各种心理机能发展所能达到的最终水平以及各种心理成分在某一个体身上的结合模式都会有所不同。例如，有的个体言语能力强，有的个体操作能力强。可以说，每一个个体具体的心理发展曲线都是有所差异的。

（五）心理发展各个方面之间的相互联系和相互制约

无论是学生的各种心理过程还是个性心理，都是在相互联系和相互制约中发展的。例如，学生感知觉的发展，为记忆、思维、想象的发展提供了基础，而记忆、思维、想象等方面的发展也使学生的感知觉得到改造和完善，获得概括的性质。

（六）心理发展是逐渐分化和统一的过程

在个体发展的初期，身心各种机能还处于未分化的状态，随着身心的不断发展，各部位的机能就逐渐分化出来，这种分化随着身心的发展而趋向复杂，反过来又作为整体统一到有组织、有秩序的基础中去，并进一步向统一的方向发展变化。

三、教育与心理发展的一般关系

教育与学生的心理发展之间存在着比较复杂的相互依存关系，应该辩证地看待和处理两者的关系。那种把教育看成是游离于发展之外的无足轻重的因素的观点或将教育看成是万能的观点都是片面和不正确的，不利于促进个体的心理发展。

一方面，教育必须以学生心理发展的水平和特点为依据。教育应该考虑到学生原有的心理发展水平，注重学生进行某种新的学习的准备状态，包括学生的生理发展状态、能力发展状态和学习动机状态。在实际的教学过程中，教师应遵循教学的准备性原则，即根据学生原有的准备状态进行新的教学，该原则又称"量力性原则"或"可接受性原则"。当学生缺乏接受某种教育的心理条件而强迫进行教育时,既可能影响学生心理的健康发展,又达不到应有的教学目标。因此,教师应充分考虑到学生的心理发展状况,考虑到学生原有的知识水平和原有的心理发展水平对新的学习的适合性。具体来说,就要求教师在教学目标的确立、教学方法的运用、教学内容的选择、教学活动的组织等方面都充分注重学生的心理发展状态,在此基础上合理地提出新的教育要求,从而真正发挥教育的作用。

另一方面,教育对学生的心理发展起着主导的作用。尽管教育不能逾越学生心理发展的水平,但是科学的教育能够促进学生的心理发展,提高学生心理发展的质量,是发展的一种助力。反之,不科学的教育则可能延缓学生的心理发展,对其心理发展产生不利的影响,是发展的一种阻力。由此可见,学生的心理发展依赖于教育,是教育的产物和结果。教育作为一种决定性的条件制约着心理发展的过程和方向。因此,在教育教学过程中,我们应该在正确处理教育与心理发展的辩证关系的前提下,遵循维果茨基倡导的发展性教学的观点,最大限度地通过教育来促进学生的心理发展。

第二节 教育心理学基础知识

一、教育心理学的性质分析

人们对于"性质"一词可以有两种理解,具体分析如下:

一是科学性质,如数学、物理学、化学等属于自然科学;社会学、政治学、历史学等属于社会科学。就心理学而言,有人把它当作自然科学,因为心理现象是人脑的机能,心理学的研究离不开人脑这样一个自然的生理基础,因此,心理学有时被看作是生物学的一部分,隶属于生命科学;也有人把它当作社会科学,因为心理学是把人作为研究对象的,而人的一个基本属性是社会性,心理学的研究离不开人的社会实践和社会生活。目前,多数人倾向于心理学是一门兼有自然科学和社会科学性质的中间学科。教育心理学作为心理学的一门分支学科,也是一门兼有自然科学和社会科学性质的中间学科。教育心理学是研究学校教育情境中学生学习与教师教学的心理规律的学科,其研究对象的特殊性决定了它与教育领域中人们的教育实践活动密不可分,教育心理学被看作教育科学体系中的一部分。在这个意义上,教育心理学更偏重于社会科学的性质。

另一种理解是指学科性质，即一门学科是基础理论学科，或是应用学科。如物理学、生理学属于基础理论学科，而工程学、治疗学则属于应用学科。就教育心理学而言，首先它是一门独立的学科。教育心理学研究对象的特殊性，决定了它要紧密联系教育、教学实践，因而它具有很强的应用性，也有人因此认为它是一门应用学科。其次，教育心理学在服务于教育和教学实践的过程中，也不断地进行自身的理论研究和建设，提炼出学习、教学的各种理论，并形成了比较完整的学科理论体系，因此，它又是一门理论性很强的学科。教育心理学既具有理论性，又具有应用性，是一门基础理论与应用学科。

二、教育心理学的主要内容

根据教育心理学研究对象的特点、教育心理学形成和发展过程中的有关研究以及教育心理学学科和教材建设的有关经验，我们将教育心理学的主要内容概括为以下六个方面。

（一）教育心理学概述

教育心理学概述主要涉及教育心理学研究什么、怎样研究以及教育心理学作为一门科学产生和发展的历史。通过对教育心理学的研究对象性质、研究内容以及与邻近学科的关系的阐述，概要介绍教育心理学研究什么；在概述早期的教育心理学思想的基础上分析教育心理学的诞生以及诞生以后逐步发展的简要历程。

（二）教育心理学的基本理论

心理发展理论与学习理论是教育心理学的基本理论。心理发展理论包括个体心理发展的实质，心理发展与教育的关系、认知和社会性发展的各种理论以及心理发展的个体差异等问题。学习理论及其应用的研究是教育心理学的中心研究领域。学习理论涉及学习的实质、学习的过程和规律、制约学习的条件等方面的基本观点。由于不同的心理学家对学习问题的研究和所提出的学习理论的观点并不相同，所以在学习理论上充满了争论，并形成了行为派学习理论、认知派学习理论和人本主义学习理论等几个主要的学习理论派别。

（三）学习心理

学习心理是教育心理学的传统研究领域，也是教育心理学研究得最多、研究成果最丰富的领域。具体包括知识的学习、技能的学习、品德的学习，问题解决与创造力的培养、学习的迁移、学习策略、学习动机等。

知识是学生学习的重要内容，知识的获得是学习心理中的重点内容之一。现代认知心理学从信息加工的角度对于什么是知识、知识的类型、知识的表征、不同类型的知识的学习过程以及制约学习的条件等都做了具体的阐述。

技能也是学生学习的重要内容之一。技能的形成是学习心理中传统的研究领域。由于技能主要分为动作技能和智力技能两部分，因此，技能的形成研究包括理解动作技能和智力技能的概念、动作技能和智力技能形成的理论以及这两种技能培养的途径和方法。学生不仅要获得知识、形成技能，还要形成良好的品德。品德心理是教育心理学的传统研究领域，该领域的研究包括品德及其心理结构、品德的形成过程分析、影响品德发展的因素、关于品德形成的各种理论、品德的发展与培养的途径与方法等。

解决问题的能力和创造力是学生应该具备的重要素质，问题解决和创造力亦是教育心理学研究的领域之一。该部分内容涉及问题的心理学描述与问题解决的一般过程、影响问题解决的因素与问题解决能力的培养、创造力的概念及创造力的培养途径和方法等。学习迁移是学习心理中的重要内容。该领域的研究包括学习迁移的概念和类型、学习迁移的测量、有关学习迁移的各种传统的和现代的理论、学习迁移的影响因素和教学原则等。

学习动机是影响学生学习的最重要的因素之一。学习动机的研究一直是学习心理研究的重要内容。该领域的研究包括学习动机的概念和类型、学习动机对学习的影响、学习动机的各种理论、培养与激发学生的学习动机的有效途径与具体方法等。

（四）教学心理

教学心理是教育心理学中新近发展起来的一个研究领域，并逐渐成为教育心理学研究的重点。该领域的研究围绕教学的一般过程与教学设计中的心理学问题展开，包括教学目标的陈述和设计方法、学习准备及其主要内容、学习的最佳时期、最近发展区与教学能力倾向与教学的相互作用、课堂教学的一般方法和可供选择的教学策略等。

（五）教师心理

教师心理是教育心理学研究的内容之一，该领域的研究包括教师的主要角色、教师威信的概念与作用、影响教师威信形成的因素与建立教师威信的途径、教师的教育能力、教师的个性品质、教师的心理素质与心理健康等。

（六）学校管理心理

学校管理心理是教育心理学的研究内容之一，该部分内容包括学校管理心理概述、创造良好的课堂学习气氛、维持课堂学习纪律的基本策略等。

三、教育心理学的主要研究方法

在教育心理学的研究过程中，根据研究的现实条件以及被研究者的情况、特点，来选用不同的研究方法，这些方法主要有以下几种。

（一）观察法

观察法指有计划地运用感官或借助科学观察仪器，对研究对象进行系统观察，以获得研究资料的方法。观察法既可以作为一种方法单独使用，也可以与其他研究方法结合使用。根据观察法研究方式的不同，观察法大致可以分为以下三类：

1. 描述观察法

描述观察法指通过详细记载事件或行为发生变化的过程而获得资料的方法。一是日记描述法，它是一种纵向记录连续变化的行为的观察方法；二是轶事记录法，着重随时随地记录某种有价值的行为及研究者感兴趣的事例；三是连续记录法，对自然发生的顺序事件或行为在一定时间内进行连续、完整的记录和描述。描述观察法保持了行为事件发生的本来顺序和真实面貌，适用于搜集个人的信息资料，但记录信息、分析资料所需时间太长，比较费时费钱。

2. 取样观察法

取样观察法指对观察的行为或事件进行分类，通过分类将其转化为可以数量化的材料进行记录。例如，把教师上课质量转化为具体可操作性的指标，并做出量化的观察记录。取样观察要求对观察内容进行分类，并给出操作性定义，在此基础上进行观察并统计分析，得出结论。根据取样参照对象的不同分为：（1）时间取样，在规定时间段内，对观察对象做全面具体的观察和记录；（2）事件取样，对特定行为事件进行取样观察记录；（3）个人取样，对单个被试在规定时间段内进行连续观察和记录。

3. 评价观察法

评价观察法也称等级量表法，指研究者根据预定标准对观察对象进行观察而做出评价的方法。该方法分为如下几种：（1）数字等级法，用某一个数字代表一种行为的程度，观察者对被评估者的行为选择最适合的数字；（2）图表评价法，观察者沿一条看得见的量表（横轴或纵轴）从高到低，迅速做出评价记录；(3) 语义类别法，两个相反性质的词之间被划分为若干等级（一般 5~7 个等级），研究者从中选择一个最符合被观察对象的等级。

总之，观察法的优点是在自然情景下研究被观察者的心理，所得资料比较真实。观察法要求研究者具有敏锐的观察力，善于从复杂的情境中捕捉所需要的行为表现，从记录资料中筛选有用的信息。为了取得良好的观察效果，在观察中应注意明确观察内容和标准，详细地记录下来，也可借助一些录音、录像等器材进行观察。

（二）调查法

调查法是指通过书面或口头回答问题的方式，了解被调查者心理活动的方法。根据研究的需要，既可以向被调查者本人做调查，也可以向熟悉被调查者的人做调查。在研究方式上可以用问卷调查，也可以以交谈的方式进行口头调查。

问卷调查也就是书面调查，是研究者根据研究课题的需要，设计问题表格，让被调查者填写答案的一种研究方法。问卷的具体形式分两种：一种是封闭式问卷，指答案已经确定，被调查者从选项中选择的调查问卷；另一种是开放式问卷，被调查者用他们自己的语言自由回答。例如，调查中学生的学习兴趣及其原因时，可以编写这样的问题：(1) 你最喜欢学习哪几门课程？为什么最喜欢学习它们？(2) 你最不喜欢学习哪几门课程？为什么最不喜欢学习它们？要求学生书面回答这些问题，这就属于开放式问卷。

口头调查也称访谈法。这种方法是研究者根据事先拟好的问题对被试进行面对面的提问，同时记录被试的回答和反应。调查者必须创造良好的访谈气氛，使被调查者心情愉快，积极参与和配合，这样才可能获得良好的调查效果。

（三）实验法

实验法是指根据研究目的，改变或控制某些条件，以引起被试某种心理活动的变化，从而揭示特定条件与这种心理活动之间关系的方法。实验法是心理学研究中应用最广、成就最大的一种方法。实验法有两种形式，即实验室实验法和自然实验法。

实验室实验法通常是在实验室内借助各种仪器并且在严格控制外界条件下进行的一种实验研究。实验室实验法对于心理现象产生的条件、大脑的生理变化、被试的外部表现等方面的记录与分析都是相当精确的。实验室的实验结果往往与实际生活中的心理现象是有一定差距的。因此，将其结果用以指导生活实践具有一定局限性。

自然实验法是指在自然情境下，由实验者创设或改变一些条件，以引起被试某种心理活动进行研究的方法。一方面是在自然情境下进行的，另一方面实验者需要创设和控制某些条件，因而它兼有观察法和实验法的优点，是心理学研究中最常用的研究方法。例如，苏联心理学家阿格法诺夫做的"拾柴火"实验，目的是研究学生在困难条件下个性的意志表现。寄宿学校冬天为了烤火，要求学生定期在夜晚去捡柴火（不指定地点），实验者藏在岔路口的小房内观察动静。一开始有一小部分学生坚定而勇敢地去山谷取干柴，而大部学生由于怕黑宁愿走远路去储藏室取湿柴，还有的则边走边埋怨。据此，实验者开始分阶段地对学生进行培养责任心与锻炼意志的教育，如发表题为"困难及其意志克服的必要性"的讲话，进行剖析性的个别谈话等，这样去山谷捡干柴的人数就逐渐增多。当然，自然实验法也正是由于对实验控制不是很严格，容易受到各种无关变量的干扰而影响研究结果的有效性。

（四）测验法

测验法是运用标准化心理量表对被试进行测量，从而了解其心理特点的方法。心理测验按内容可分为智力测验、成就测验、态度测验和人格测验，按形式可分为文字测验和非文字测验，按测验规模可分为个别测验和团体测验。

心理测验所使用的工具是以某种心理学理论为指导，根据大量的取样调查，经过标准化测试和统计分析等编制而成的心理量表。心理量表是测量人的某种心理特质的一把尺子。为了使心理测验获得准确可靠的结果，从事心理测验的人必须懂得心理测验的基本原理、心理量表的编制过程和使用方法，必须按照研究的内容和目的选用合适的心理量表，同时必须严格按照测验说明书中的规定实施测验、统计测验分数，并向被测者科学地解释测验结果。

由于科学的心理测验产生时间不长，特别是心理学的基本理论尚未成熟，心理活动呈现的又是一种动态过程，因此用心理量表测量人的心理现象远没有物理测量那样准确。但目前使用心理测验所获得的只是心理活动的结果，而被测试者出现这一结果的心理活动过程还无法测量出来，因此心理测验还存在局限性。

（五）个案法

个案法是指对某个人进行深入而详尽的观察与研究，收集相关资料，分析其心理特征，从而研究其心理发展变化的全过程的方法。收集的个案资料通常包括个人的人口学资料、生活史、生活环境、人际关系以及心理特征等。个案法能够加深对特定个体的了解，但收集的资料往往缺乏可靠性。此外，个案研究的结论不能简单地推广到其他个体或团体。

（六）作品分析法

作品分析法是指有目的地确定一个主题，使研究对象完成一件作品，通过对作品进行分析，从而获得特定信息的方法。常见的有学生作业分析、作文分析、笔记分析、模型分析及手工制品分析等。该研究具有深入性、隐蔽性、针对性的特点。作品分析法由于是在作品完成后才对被试进行分析，因此被试通常不知道研究者要求他完成作品的真正意图，使注意力集中于作品的完成过程中，容易排除因防范心理所带来的信息失真。由于被试作品之间的差别较大，要想深入了解，需要对作品进行横向和纵向比较分析，才能发现其特殊性和规律性，从多元、客观的角度对作品进行全面深入的分析，避免分析解释的随意性和主观性。

上述研究方法各有利弊，都存在一定的局限性。为了提高研究的科学性，解决研究中存在的问题，近年来在研究方法上出现了一种新的研究趋势，即综合化研究。所谓"综合化"研究，是指研究中尽可能地采用多种研究方法。例如，对学生学习动机的研究，可采取问卷法、访谈法、观察法、实验法、作品分析法等多种方法，并对不同方法取得的结果相互验证和比较，以提高研究的可靠性和科学性。

第三节 心理差异与因材施教

一、心理差异的概念及成因

（一）心理差异的概念

心理差异是指人在认知、情感、意志等心理活动过程中表现出来的相对稳定而又不同于他人的心理特征方面的差异，它包括个体心理差异和群体心理差异两个方面。群体心理差异是指不同社会群体之间由于生活环境、社会文化、历史传统、经济状况等差异造成的各自不同的群体心理特点，主要有民族心理差异、阶级心理差异、性别心理差异、教育心理差异、文化心理差异和年龄心理差异等。个体心理差异又称个别心理差异，是一个人在先天生理素质的基础上，通过后天的文化知识教育、社会环境影响以及个体的具体实践而形成基础的、稳定的、持续的、不同于他人的心理方面的特点。个体心理差异集中表现为认知差异和人格差异。认知差异包括认知水平、认知类型、认知结构、认知过程等方面的差异。人格差异包括人格倾向性差异和人格特征差异等。

(二) 心理差异的成因

心理差异的形成原因多种多样，有生理、心理、家庭、学校以及社会等各因素的单一作用，更有这些因素的综合作用。现代心理学研究证明，个体心理差异是个体在遗传与环境交互作用下逐渐形成和发展。

1. 生理因素

(1) 神经系统

神经系统，特别是中枢神经系统发展的差异是心理差异形成的物质基础。大脑是心理的物质基础，神经系统的发展状况会直接影响个体心理的发展水平，特别是神经系统的损伤和缺陷会导致严重的心理功能缺陷。例如，大脑皮质一定区域的损伤会引起特有的语言活动功能障碍，大脑左右半球的功能和发育程度不同会导致智力活动类型的不同，神经类型不同决定个体气质类型的差异。

(2) 生理疾病

生理疾病会改变个体的生理特征，造成生理上的差异，同时生理疾病还会引发个体心理上的困惑，从而造成心理上的差异。例如，由于妊娠期等感染疾病或受到化学药物、高强度 X 射线等物理因素的伤害，或出生后头部外伤等造成脑的器质性病变，都可能引起学生的智能衰退，导致学生出现脑器质性痴呆。此外，个体还会因为生理上的缺陷等，带来心理上的自卑、偏激、抑郁等问题。

2. 家庭因素

家庭是个体成长和发展的第一外部环境。家庭结构、家庭氛围、家长的教育方式、家庭教育资源、家庭经济状况等因素对个体的认知、个性、社会性、心理健康等的影响重大而深远。因此，家庭因素是造成个体差异的重要原因之一。

(1) 家庭结构

家庭结构对个体心理发展的影响主要表现在两个方面：一是影响个性发展，家庭不完整会对子女个性发展带来不良的影响。二是影响心理健康。例如，很多留守学生较非留守学生更容易出现心理问题；留守学生自尊较低，有严重的自卑感，对自身的评价明显偏低，特别是在对自己的智力、外貌和幸福满意度方面。

(2) 家长的教育方式与教育态度

家长的教育方式与教育态度对个体心理发展的影响主要表现在以下三个方面：一是影响个性形成。从教育方式来看，溺爱型家庭的子女主要表现为任性、娇生惯养、依赖等特点。严厉型家庭的子女主要表现为自私、心胸狭窄、胆小、焦虑、敌对等特点。放任型家庭的子女主要表现为感情用事、娇气、自我中心等特点。忽视型家庭的子女主要表现为冷漠、自卑、抑郁、自我封闭等特点。二是影响社会性发展。宽容、民主的教养方式对学生的社会化有积极的影响。宽容、民主的家庭中的学生是活跃的，其社会行为是爱憎分明的；学生在其所属的团体中处于领导地位，他的攻击行为和领导行为是亲社会的；学生具有较高的社会责任感、合作感和成就动机。而不宽容的家庭中的学生则表现出与此完全相反的特点，即他们缺乏社会责任感、冷漠、有攻击行为等。三是影响心理健康。不良的教育方式会给学生造成比较严重的心理问题。例如，家长采用"以打骂和放任自流为主""歧视""态度不一致"等不良的教育方法和不正确的教育态度，其子女心理健康容易出问题，而家长采用说服教育和正确的教育态度，其子女心理健康会保持得好一些。

(3) 家庭氛围

家庭氛围是指家庭中长期积累起来的一种精神状态和情绪状态，主要从父母关系、亲子关系和家庭情感互动上体现。家庭氛围对个体心理发展的影响主要表现在以下两个方面：一是家庭氛围对学生智力的影响。父母与学生之间的亲密联系对于孩子的智力发育十分重要。通常父母与学生讲故事、做游戏的时间越长，学生的智商越高；父亲与学生同桌进餐的次数越多，学生的智商越高。二是家庭氛围对学生个性的影响。和谐的家庭氛围对于学生良好个性的形成和发展具有积极的作用。因为生活在和谐、温馨的家庭氛围中，学生会感到安全、愉快，容易接受父母的积极影响；相反，生活在紧张、敌对、争吵不休的家庭氛围中，学生就会出现情绪不稳定、焦虑、忧郁、神经质等心理问题，严重的甚至会导致心理变态和反社会行为。此外，家庭的经济状况及家长的职业、受教育程度、期望等家庭因素也会影响学生的心理差异。

3. 学校因素

(1) 教师

教师对学生心理差异的影响主要表现在以下三个方面：

一是教师期望对学生学业的影响。教师期望效应是指教师在教学活动中根据自己对某个学生的认识而形成的一定的期望，这种期望会促使学生向着教师期望的方向发展。教师期望比性别差异、种族差异对学生学业成绩的提高影响更大。在某种情况下，教师抱有高期待或低期待会使同一水平的学生成绩出现一个标准差的浮动。

二是教师的人格对学生的影响。国内外的大量研究以及实践经验证明，教师的人格特征是影响学生心理的重要变量。首先，教师的人格影响学生人格的形成和发展。有研究发现，在教学过程中，教师的人格会影响学生人格的变化，尤其是学生人格形成的早期，会引起学生情感、行为动机的变化和态度的转变。此外，不同的教师人格对学生人际交往有很大的影响。其次，教师的人格影响学生的学业成绩。教师的人格可以通过影响班级心理环境和社会气氛、影响人际行为和角色期望而间接地影响学生心理与行为的发展和学业成绩。

三是教师的教育方式对学生的影响。教师的教育方式可以分为专制型、民主型、放任型，三类教育方式对学生的影响不同。

此外，教师的角色意识、威信、气质、心理健康、知识等因素都会影响教师对学生的态度和方式，影响教师的教学效果和质量等，因此也会造成学生的个别差异。

（2）学校环境和氛围

这两者都会对学生的心理差异产生一定的影响。一是学校环境对学生的影响。良好的学校环境对学生的审美情趣、行为方式、道德观念、智力开发、个性发展、学业成绩等有积极的作用；反之，学校的环境恶劣，学生处于一种混乱、无序、肮脏、压抑、自卑的环境中，就可能使学生产生较为严重的心理与行为问题。二是学校氛围对学生心理健康的影响。良好的学校氛围对中小学生的心理健康的发展起着积极的作用。通常对于那些面临学业、情感和行为困难的"高危个体"而言，积极的学校氛围可能会有一定的保护作用，为他们提供"安全的避风港"，促进其健康发展，同时也会抑制其一些消极行为。实践表明，学生感知的高质量的学校氛围与其高学业成就和动机之间有一定的关联。学校的教育教学风格以及校风、学风，从而引起学生的个别差异。

二、基于学生的心理差异开展因材施教的策略

因材施教是指因人而异地进行教育与教学。学生之间存在着个别差异是不争的事实，了解学生的个别差异目的就在于因材施教，以使每个学生都能顺利成长。如何根据学生心理的个别差异因材施教，历来为教育家们所重视。根据当代教育的目的和性质，贯彻因材施教的原则需注意以下两方面：一是要克服社会偏见，树立全局观念。我国现行的教育制度一般采用班级授课制。但同一个班的学生也会具有不同的心理发展水平学习态度动机、方法、经历和知识技能的基础，以及不同的人格特征。如果教师不考虑学生的个别差异，只管按教

学大纲要求脱离学生实际地订出全班整齐划一的教学目标，或者只有统一的进度，只采取单一的教学方式、方法，教育教学目标是很难达到的。二是要树立正确的"学生观"。教师要把学生看作是一个独立的个体，深入了解学生，时时事事为每一个学生设身处地地着想教育教学既要针对全体学生，又要针对每一个学生的全部努力把每一个学生都培养成为德、智、体、美、劳全面发展的人才。

（一）要克服常模思想的束缚

从教育的发展来看，最初是进行个别教学的。如我国古代伟大的教育家孔子不仅认识到人有差别，而且也实践着因材施教的原则。他对每个学生的性格、才能、志趣和特长非常熟悉，而且对每个人都有不同要求。但自从17~18世纪班级授课制确立和流行以后，为提高集体教学的效果，过分重视教学上的共性和统一要求，忽视了学生的个性差异。在我们的教育工作中，很长时间以来都是比较重视共性与统一要求的方面，严重受到常模思想的束缚，对发展学生各自的特点、特长方面则注意得不够。所以，要提倡因材施教，就必须克服单一模式教学的思想，在教学中既要考虑学生的共性也要考虑学生的个性。

（二）采用适应心理差异的教学形式

为了适应个别差异的教学，国内外许多教育家和心理学家采用各种技术，设计出了多种适应学生个别差异的教学形式。

1. 不分级的方案

不分级（或连续前进）学校是依照学生的特定学科成绩进行灵活编组的一种组织类型。根据不同水平将学生编进8~10个连续的水平的小组中。学生根据自己的速度可以从一个水平的小组转入另一个水平的小组。它使得具有各种不同能力和发展速度学生在学习上都能连续前进。不分级的特点是：学习者可以按自己的速度自由前进；减少了由于升留级而引起的压力和挫折感；使每个学生有体验成功的机会。但该形式仅适合于低年级学生，而且对教师的要求较高。

2. 按年龄分班的教学

我国目前和国外的许多学校，多数采用这种方式分班。它的优点是整齐、划一，学生的生理心理、知识经验基本相似，便于组织教学和管理。其缺点是：班级中会出现较明显的个别差异，如果教师不注意因材施教，学生中的个别差异会越来越大，以致影响教学的顺利进行，妨碍学生身、心的全面发展。

3. 按智龄或成绩分班教学

按智龄分班可以使每班的学生在智能上几乎完全一致，它的优点是便于教师用同一教材、同样方法进行教学。但缺点是学生身体的高矮、体力的强弱学习的兴趣、情绪表现和游戏爱好等等，都有一定的差别。在教学、教育过程中，如果只考虑智能的发展水平，而置上述各种差异于不顾，对学生整个身心的发展，必然会带来不良的影响或障碍。在我国，根据学生考试的成绩分设重点班和非重点班，理科班和文科班，这种分班教学，确有其一定的"优越性"。它的主要缺陷是：一是按成绩分班的标准不一定客观，仅凭一两次考试就确定学生学习能力的高低、学业成绩的优劣，是不科学、不全面的；二是这种人为的分班，容易使学生产生盲目的优越感或消极的自卑感。对少数智力差异悬殊的学生采用同质编班方式教学是有利的，如中国科技大学的智力超常少年班。

4. 全班、分组、个别教育教学相结合

现代心理学家和教育家都主张在班级教育教学中实行分组和个别指导相结合，得出应该使全班、分组、个别教学实行最优的结合。全班教学固然有许多优点，但其最大的缺点是难以照顾到不同类型的学生，难以针对学生的个别差异进行工作，因此应以小组教学和个别指导来弥补其不足。分组教学要遵循"以好带差"和互相"取长补短"的目的。同时小组活动要与个别教学结合起来，个别指导特别要抓好两端，即"优生"和"差生"。及时检查学生的学习、活动的效果，并给予及时反馈。

为了把三种教学形式最优地结合起来，教师必须付出更多的努力。一是全面摸清优生与"差生"各自的长处与不足，长善救失；二是深入钻研教材，考虑如何以最适合的方式和教学方法把知识技能传授给学生；三是深入了解学生的个性特点、知识基础和兴趣等，进行有的放矢的指导；四是班主任和各科教师均应把思想品德教育渗透到每一教育、教学环节。

5. 按人际关系编组

按人际关系编组是让学生写下他愿意一起活动或学习的同学的名字，编组时把互相选择的学生放在一起；同时也要考虑那些比较孤立的学生，尽量让他和互相选择的人放在一起，这样能使他们更好地适应小组人际关系。对于那些人际关系比较广泛的学生，就不一定按他的选择安排小组，这样的学生一般适应能力比较强。按人际关系编组能促进学生社会性的交互作用，同时还能培养学生的自主性积极性和首创精神。

（三）采用适应心理差异的教学方法

1. 纳入主流法

纳入主流法主要是针对缺陷学生进行教育的一种教学方法。以往对弱智学生的教育思路是"特事特办"，即设置特殊环境（特殊学校、特殊班），采用特殊方法，进行"隔离"教育，以满足其特殊需要。结果是离他们今后需适应的环境差距越来越大，不但加大了适应困难，而且也背离了进行特殊教育的初衷。目前，随着教育多元化的发展，教育观念的更新，对弱智学生的教育出现了新的根本性的变化——纳入主流。在这种观点中，人们不应片面强调"特殊学生"的特殊性，他们也有一些与正常学生一样的需要和潜力，因此，只要有可能，就应该把他们保留在正常学生所在的学校中。纳入主流的思想，对正常学校的政策、方法、物质投资等做出了如下具体要求：（1）除了参加正常班以外，有特殊教师作为几个班教师的顾问，辅导特殊学生。（2）物质设备，如轮椅道、厕所改建、饮水管改建等、教室、教学材料等。（3）对教师、家长的要求：教师需要有希望，有信心，灵活、有创造性，严格区别一般的成绩不良和智力落后。对学习成绩差的学生除了给予正常教育外，要适当给予量身定制的特殊辅导，如每次学习的内容量要小、步子要尽量小、及时反馈等。同时，家长要加入，参与到辅导中来。（4）采取更为乐观的态度，增加社会刺激，可以促进智力落后学生的发展。

2. 计算机辅助教学

随着现代科学技术的发展及教育改革的要求，各种先进科学技术设备不断进入教学过程，为教学更好地适应个体差异提供了新的手段，也使最终把因材施教落到实处提供了新的可能。

计算机辅助教学（Computer Aided Instruction，简称 CAI）是指将计算机作为一个辅导者，通过呈现信息，给学生提供练习与学习机会，并评价学生的成绩的教学方式。与传统教学相比，计算机辅助教学最突出的特点是：交互性、及时反馈、灵活性、形象性和自定步调等。利用计算机辅助教学系统不仅可以进行个别指导、组织讨论测验及评价等，还可以用于系统的学科教学。该系统根据程序教学原理，将教材的全部内容按由易到难的原则编成教学程序，输入计算机内储存。学生可以按自己的能力和需要自定进度，在计算机终端上进行学习。教学开始，学生通过键盘向中央主机提出请求，中央主机接收信息后，向学生提供所需信息，通过显示器或电传打字机等方式传出。学生通过键盘或光笔对计算机提出的问题做出反应，计算机对学生的反应立即做出正确与否的反馈，同时根据学生的反应提供进一步的信息。学生可根据自己的学习速度一步一步完成整个学习目标。

总之，计算机辅助教学系统比其他现代教学手段更完善、更灵活、更能适应教学的各种要求，并能满足不同学生的特殊需要，充分体现因材施教的精神，有助于提高教学质量和教学效率。目前，计算机辅助教学已向综合化、网络化和智能化发展。

第四节 教师的心理素质与心理健康

一、教师的心理素质

（一）教师心理素质的概念

心理素质是在遗传基础之上，在教育与环境影响下，经过主体实践训练所形成的性格品质与心理能力的综合体现。其中的心理能力包括认知能力、心理适应能力与内在动力。对内制约着主体的心理健康状况，对外与其他素质一起共同影响主体的行为表现。教师心理素质是教师在教育和教学工作中表现出来的，直接影响学生身心发展以及教育教学效果的、比较稳定的各种心理特性。教师心理素质不仅体现和影响着教师人格的健全发展，也以其广泛的内容影响着学生的身心健康。教师只有具备了良好的心理素质，才有可能按照教育方针的要求，努力把学生培养成身心健康、体魄健全的智能型人才。

（二）教师心理素质的构成

教师心理素质就其结构来讲，可以从多角度划分。从形式上划分，教师心理素质是与个体自我意识相关的，心理素质的各种成分可具体分为：教师角色认知、教师角色体验、教师角色期待、教师品格、教师自我意识。教师心理素质最核心的成分是其实质内容，它支配和调整着教师工作中的行为表现，也决定其能否胜任教师职责。教师心理素质的实质内容大致由五种基本"元素"构成，也可以说是成功教师应具备的五种心理能力。

1. 角色适应力——教书育人的基础

教师的角色适应力不仅指教师要适应角色转换，而且在教育思想观念、工作方式、人际关系、生活环境等多重角色转换上也要适应。

2. 心灵感悟力——尊师爱生的基础

教师应当对学生心灵有特别的感悟力，既能听"话"，又能听"声"，这样才能破译他人的言外之意，或称言下之意，包括对声调、手势、面部表情等方面的识别能力。善于透过学生的外显行为，迅速、准确地理解学生的真实感受和行为动机，并及时给予帮助和鼓励。

3. 情绪控制力——为人师表的基础

教师的情绪控制力可使教师以积极的情绪状态投入教育活动中。教师情绪控制力也是一个极为重要的教育手段，它既会给学生心灵带来慰藉，也会给学生心灵带来难以弥补的伤害。

4. 心理承受力——诲人不倦的基础

教师要协调学校、社会、家庭和学生四个方面的关系。生活在一个有较多挫折刺激源的情境中，承受力强的教师对教育环境、学生状况、领导素质、社会公正、自身发展等方面的问题随时都有承受挫折的心理准备，即使在挫折状态下，也会采取正确的方式应付挫折，迅速摆脱挫折对心理的消极影响，并从挫折中学会坚强和奋进。

5. 教育表现力——教师机智的基础

教育表现力是个人这种本能倾向在教师职业的专业化过程中的发展。教育表现力强，不仅意味着个体敢于展示自我，更意味着教师在职业工作中善于发展自我。这就是说，教育表现力既凝聚着个体对教育教学技能的掌握，表现为良好的教师机智；同时也凝聚着个体自我意识的成熟，它是教师自尊、自信、自强、自立的集中体现。

（三）优化教师心理素质的途径

1. 营造良好的外部环境，减轻教师工作的压力

实际上适度的心理压力能成为人们活动的动力，对活动起激励作用，但压力过大会引起有机体过度的情绪紧张，降低工作效率，甚至引发一系列的身心疾病。在教育领域同样如此，过大的压力会促使教师出现种种心理不适，在教学中变得无效、无能，甚至会产生抵触、对抗的情绪。因此教育行政部门和学校领导应充分认识到提高教师心理素质的重要意义，并采取有效的措施。如学校领导要转变管理观念，发扬民主，关心教师，为教师创设宽松、和谐的工作环境，建立良好的人际关系；要提高教师的业务能力，使教师在学生的成长中体验工作的成就感；千方百计为教师解决生活困难，解除教师后顾之忧；配备心理保健工作者，定期举办心理健康讲座，指导教师掌握心理健康的理论知识，促进教师心理健康。

2. 增强自我心理保健意识，掌握心理调适方法

教师心理素质差与教师自我心理调控能力的不足、心理问题排解、疏导渠道的缺乏有关。人们往往只重视教师的教育教学质量，只强调教师的奉献精神责任感，而忽视对他们心理健康的维护。教师心理辅导机构的空缺，教师心理健康知识的缺乏，使教师心理问题得不到及时的调整与治疗，从而导致教师教

育教学行为出现偏差。因此，教师应善待自己，学会心理调适的方法，提高心理素质。

第一，要正确地了解自己，确认自我价值。很多教师由于自我认知偏差不能正确把握自己，带来诸多心理问题，甚至形成心理疾病。如果一个教师能正确认识自我，接受自我，扬长短地发展自我、完善自我，就能提高自己的心理成熟度，并体现自身的价值。特别是新课程实施中教师对新课程，要积极应对，不自卑、不自大。

第二，主动调节情绪，自觉保持愉悦的心境。有心理学研究认为，情绪在心理疾病中具有核心作用。积极的情绪对健康有增力作用，而消极的情绪不仅对健康有减力作用，且易导致人的心理障碍。而教师对新课程要在短时间内改变自己的教学方式，转换自己的角色，难免会带来各种各样的消极情绪反应，若不及时疏导，不仅影响自身，更会投射到学生身上。教师心怀不良情绪时，可尝试情绪调节法，以保持心理平衡。

第三，创造良好人际关系。人类的心理适应就是对人际关系的适应，具有良好人际关系的个人心理健康水平越高，对挫折的承受力和社会适应能力就越强，在社会生活中也就越成功。因此，教师要学会与人交际，善于与人交际，将自己和谐融入社会之中，尤其在新课程背景下新型师生关系的确立更需要教师具有良好的交际能力，善于与学生沟通，成为学生的良师益友；与同事共处形成融洽和谐的协作关系，优化育人环境，在宽松、和谐的工作环境中，更好地发挥自身的才能。

第四，积极进取，努力工作。新课改对教师在知识结构、思维方式，教学能力以及教学手段等方面都做出了新的标准和要求。在知识结构上，从原来只要会处理学科内的知识，发展到要求会处理一些跨学科的知识。在思维方式上，要求独立思考，形成自己的知识体系，具有一定的创新精神。在教学能力上，要求逐渐形成自己的教学风格，具有驾驭多种教学方式的能力。在教学手段上，要求能利用包括网络在内的多媒体技术进行教学等。除接受相关的培训外，更需要教师具有积极的进取精神，在工作中尽可能发挥自己个性和聪明才智，并从工作成果中获得满足和激励，同时不断自我反思，提升自己，促进自己专业的完成，同时，也只有热爱自己的教育工作，把工作当作乐事而不是负担的教师，才能够保持良好健康的心态。

二、教师的心理健康

(一) 教师心理健康的标准

(1) 能积极地悦纳自我，即真正了解、正确评价、乐于接受并喜欢自己。承认人是有个体差异的，允许自己不如别人。

(2) 有良好的教育认知水平。能面对现实并积极地去适应环境与教育工作要求。例如，具有敏锐的观察力及客观了解学生的能力；具有获取信息、传递信息和有效运用信息的能力；具有创造性地进行教育教学活动的能力。

(3) 热爱教师职业，积极地爱学生。能从爱的教育中获得自我安慰与自我实现，从有成效的教育教学中得到成就感。

(4) 具有稳定而积极的教育心境。教师的教育心理环境是否稳定、乐观、积极，将影响教师整个心理状态及行为，也关系到教育教学的效果。

(5) 能控制各种情绪与情感。繁重艰巨的教育工作要求教师有良好的、坚强的意志品质，即教学工作中有明确的目的性和坚定性；处理问题时决策的果断性和坚持性；面对矛盾沉着冷静的自制力；给予爱和接受爱的能力。

(6) 和谐的教育人际关系。教师有健全的人格，在交往中能与他人和谐相处，积极态度（如尊重、真诚、羡慕、信任、赞美等）多于消极态度（如畏惧、多疑、嫉妒、憎恶等）。

(7) 能适应和改造教育环境。教师能适应当前发展、改革与创新的教育环境，为积极改造不良教育环境，提高教学质量献计献策。

(8) 具有教育独创性。教师在教学活动中不断学习，不断进步，不断创造。根据学生的心理、生理和社会性等特点富有创造性地理解教材，选择教学方法，设计教学环节，布置作业等。

(二) 影响教师心理健康的主要因素

(1) 主观方面，教师的心理健康受其人格特征、心理素质等自身因素制约。

(2) 客观方面，家庭、学校、社会环境的影响不容忽视。如教学工作量繁重而复杂，节奏紧张，教师不堪重负；工资待遇和社会地位与劳动强度不成正比，挫伤积极性，使教师缺乏成就感和前途感；学校组织中人际关系复杂；家庭关系不和谐等。

（三）教师心理健康的维护

1. 个体积极的自我调适

个体自我调适的目的是通过改变个体自身的某些特点来增强适应工作环境的能力。自我调适的主要方法有放松训练、认知压力管理、时间管理、社交训练和态度改变、归因训练、加强锻炼等。

教师需要做到以下三点：（1）端正认知。既要树立正确的自我概念，也要正确认识和对待挫折。在正确的自我认识下，教师能保持自知之明，对缺点不掩饰，对优点不夸大，不缩小，保持自己的心理平和状态。具有正确的自我评价，能使教师在挫折、困难面前不低头，既经得起失败，又经得起胜利的考验。（2）调适情感。常见的方法有：控制情绪、合理宣泄和转移。（3）改变行为。主要途径有角色学习、个别或集体讨论、寻求专业帮助、积极参与继续教育。另外，合理的饮食和锻炼以增强体质也是维护心理健康的好方法。

2. 组织有效的干预

组织干预的思路就是通过削减过度的工作时间、降低工作负荷、明确工作任务、积极沟通与反馈，建立有效的社会支持系统来防止和缓解教师的心理压力。学校对教学的评价机制是影响教师工作的积极性和创造性的重要因素，改善学校领导方式是缓解教师职业压力的有效途径。学校应提倡过程性和发展性评价，为教师建立有效的社会认同支持系统，正确认识教师的教育教学成果。另外，要为教师提供深造及参与学校民主决策的机会，增强教师对学校的认同感和归属感。

3. 构建社会支持网络

维护教师心理健康，需要建立一个和谐的社会支持网络。首先，对教师的角色期待进行合理的定位；其次，国家应切实采取措施提高教师的经济待遇和社会地位，维护教师的合法权利，使教师切实感到社会的尊重；最后，教育部门应探索出有效的教师教育培训体系，将职前与职后培训有机结合，提高教师智力与非智力能力，重视教师承受压力和自我缓解压力的训练。

第三章 教育评价学探索

教育评价是参照现有的教育目标，通过系统地搜集信息，采用科学的方法对教育活动中的事物或人物做出综合价值分析和判断的过程，其目的在于提高教育质量、推动教育改革、改善教育管理以及做出促进教育进步的决策。本章主要论述了教育评价的基本知识、教育评价的基本方法、教师评价的原理、教育评价制度的改革等内容。

第一节 教育评价概述

一、教育评价的定义

在汉语中，评价是评定价值的意思。① 那么什么是教育评价呢？所谓教育评价，是指在系统地、科学地和全面地搜集、整理、处理和分析教育信息的基础上，对教育的价值做出判断的过程，目的在于促进教育改革，提高教育质量。上述定义包含以下四个要点：

第一，教育评价的对象（即价值判断的对象）可以是教育领域中的任意元素，既可以是教育的参与者（人物），如教师、学生、教育管理人员等，也可以是教育现象和活动（事物），如教育方针、教育政策、教育活动、教育过程、教育效果等。

第二，教育评价的本质（即评价的主要性质）是对教育的价值做出判断，是评价者的主体需要与被评价对象的客体属性的一种特殊的效用关系运动。

第三，教育评价的手段（即评价的方法和技术）是运用科学的评价技术和方法。综合运用测量、统计、系统分析等手段进行综合分析判断，既有定量的，

---

① 中国社会科学院语言研究所词典编辑室. 现代汉语词典 [M]. 北京：商务印书馆，1978：882.

又有定性的。

第四，教育评价的目的（即评价活动所要达到的境地）是为了促进教育改革，提高教育质量。为了达到这一目的，要为被评价者（或被评价单位）诊断各种教育问题，探索改进措施，选择行为决策。

（一）评价和价值

由教育评价的定义可知，教育评价的本质是对教育的价值做出判断，而进行价值判断离不开一定的教育价值观。因此，没有正确的价值观，就谈不上客观、公正、有效的评价。

1. 价值

什么是价值？目前学术界仍是众说纷纭，还未形成一致的看法。在日常生活中，"价值"泛指事物或人的功能和作用。在哲学上，有关价值的定义主要有意义说、满足需要说、兴趣说、情感说、欲望说、先验性质说、情境说、功能说、有用说和结果内在说等。[①] 马克思曾指出："价值这个普遍的观念是从人们对待满足他们需要的外界物的关系中产生的。"[②] 他还说，价值"是人们所利用的并表现了对人的需要的关系的物的属性""表示物的对人有用或使人愉快等等的属性""实际上是表示物为人而存在"。[③] 根据马克思的科学论断，我国哲学界一般认为，价值从本质上属于一种关系范畴，即是通过主体和客体的相互关系而体现的，这种关系的联结涉及主体对客体的需要和客体客观属性。只有当主体具有某种需要，而同时客体本身也具有满足主体需要的客观属性，才能体现出价值。缺少主体的需要，或者主体有需要，但客体本身没有满足这种需要的客观属性，那么主客体就没有形成关系的可能性，也就无法谈论价值。

2. 教育价值

所谓教育价值，就是指教育能够满足人和社会需要的程度。具体说来，教育价值主要体现在两个方面：教育对人发展的价值和社会的价值。教育对人发展的价值主要是指教育对人的精神需要、物质需要的满足，也就是对人的知识增长、能力的提高、个性的发展、心理上的满足以及身体的发育等需要的满足，以提高人的价值实现能力和身体素质，增强人的创造自觉性，以及求得人的全面的、自由的发展，从而为每个受教育者最大可能地实现其个人价值和个体价值社会化准备条件。教育的社会价值主要是指主体对教育在社会内容方面的价

---

① 王玉梁. 论价值本质与价值标准 [J]. 学术研究，2002（10）.
② 马克思，恩格斯. 马克思恩格斯全集：第19卷 [M]. 北京：人民出版社，1965：406.
③ 马克思，恩格斯. 马克思恩格斯全集：第26卷 [M]. 北京：人民出版社，1965：326.

值，它大致包括教育的政治价值、经济价值和文化价值。教育的政治价值主要体现在教育对维护和巩固政治制度的作用方面；教育的经济价值主要表现为提高人的劳动技能，促进生产力的发展方面；教育的文化价值主要表现在传递和继承文化、发展和创造文化方面。

由于教育价值的主要体现是对人的发展价值和社会价值，因此，受人的身心发展需要和社会的政治、经济、文化、人才需要的影响极大。这就形成了教育价值观的多样性，如对于一心要让子女上大学的家长来说，他们评价一所中学教育价值的标准，就是子女能否考上大学；对于一个立志要成为艺术家的人，评价教育价值的标准是，教育为其成为艺术家所提供条件的程度；社会各界、各行各业评价教育的价值，同样是以教育培养的人满足他们需要的程度为标准。因此，对于同一教育现象，具有不同教育价值观的人、对教育有不同要求的人，会得出完全不同的评价结论。而社会发展和人的自我完善对教育的要求，又是通过社会各阶层具有不同教育价值观的人们对教育的不同要求反映出来的。这就要求我们在实施教育评价时，必须采取实事求是的态度，在正确价值观的作用下，如实地反映被评价对象的真实价值。

(二) 评价和认识

评价从本质上说是一种认识活动。马克思主义认识论认为，认识的本质是能动的反映，而评价尽管过程是复杂的，但它首先是客观社会存在的反映。可见，二者都是主观形态的意识活动，反映的对象都是客观存在的。但是，我们也不能不看到作为特殊认识的评价与人的认识活动之间的区别。

1. 对象的区别

我们通常所说的认识，是指对客体本身某方面的本质或规律的认识，因此其对象是客体本身。而评价的对象不是客体本身，即不是客体的实体性属性，而是客体的社会属性。

2. 主体性的区别

诚然，进行认识和评价的主体都是人，但认识的目的在于揭示事物的本质联系，而评价则不同，主体在评价事物时，总是把客观事物的属性同自身的需要紧密联系起来，主体的需要不能排除在评价内容之外，为此，评价较认识具有更强的主体性。

3. 反映形式的区别

评价、认识的本质是反映，然而，两者的反映形式是有区别的。认识常以理性的、抽象的思维形式来反映客体的本质和规律，而评价是只有在主体的需要和兴趣的关系中才能得到实现的特殊反映。每一种评价不仅是行为主体生活状况的反映，而且是评价主体世界观的体现。因此，评价作为价值判断，常常以理性和抽象思维之外的形式来反映客体与主体需要的关系。

明确两者之间的区别，便于我们更深入地了解两者之间的关系。认识是评价的基础和前提，只有在对事物有了一定认识之后，才能评价事物；同时，评价又为进一步的认识提供指导。

（三）评价和实践

教育评价活动本身就是一种实践活动，评价正确与否是要通过实践检验的，这里包含两层意思。

第一，把评价理论和方法运用于实践，接受实践的检验。

在教育评价的实践中，人们对事实判断的客观性深信不疑，对价值判断的客观性却一直持怀疑态度。究其原因，是因为事实判断和价值判断是不同的。事实判断是关于客体本身是什么的判断。而价值判断是关于客体对主体的意义是什么，对主体意味着什么的判断。两者的本质区别在于，在价值判断中多了一种对于价值而言的决定性因素——人的需要。而人的需要是复杂的，"人"和"需要"这两个概念的内涵是复杂的。但这种复杂性并不能使我们放弃对教育评价客观性的追求，反而坚定了对教育评价客观性的追求——那就是把评价的现有成果，即评价理论和方法运用于实践，接受实践的检验。对于实践证明是科学的理论和方法，应该保留并继续运用，对于实践证明是不科学的理论和方法，我们要加以修正或摒弃。

第二，评价的结果要接受实践的检验。

教育评价既基于对教育客观规律本身的认识，又基于对满足人和社会需要的价值关系的认识。教育本身的规律以及教育对人和社会的价值，就构成了教育评价活动的两个尺度，其一称之为合规律，其二称之为合目的。所谓"合规律"指评价要合事实、合逻辑、合规范，"合目的"是指教育评价目的和教育评价依据的合理性。而要衡量评价结果是否"合规律"和"合目的"，则是需要接受实践的检验。这种检验主要从三方面来观察：其一是价值客体的发展水平是否与评价结果相一致，其二是价值主体需要的满足程度，其三是评价主体的主观愿望是否实现。

国外学者曾用一个简单的公式对评价做了形象的说明：

评价＝定量描述（或定性描述）＋价值判断

从这个意义上说，评价就是在定量描述或定性描述的基础上进行价值判断的活动。

二、教育评价的特点

(一) 教育评价是以事实判断为基础的价值判断

价值判断是评价者根据价值主体的需要，判断价值客体是否满足价值主体的需要以及在多大程度上满足价值主体的需要。这一判断是建立在对价值客体事实状况了解的基础之上的，也就是建立在对客体的事实判断的基础之上的。事实判断要回答客体本身是什么、怎么样的问题，而价值判断必须以事实判断为基础，回答客体对主体有什么意义的问题，在多大程度上满足价值主体的需要或达到价值主体的要求。事实判断和价值判断是人们认识外界和自我的两种最基本的方式。

教育评价的本质是价值判断，是对教育现象的价值做出判断。这一判断当然也必须以教育现象的事实判断为基础，否则，对教育现象的价值判断就会成为毫无根据的主观臆断。科学研究重在事实判断，即揭示事物的客观规律；评价重在价值判断，即揭示事物的价值、意义。教育评价必须在充分获得教育现象现状和结果信息的基础上进行价值判断，才能达到真实、准确地认识教育现状，自觉主动地改革教育现状，实现教育的价值目标。

(二) 教育评价的基本标准是国家的教育目标

任何评价离不开标准，没有标准就无法判断事物的优劣高低。教育评价对教育活动的判断当然也离不开标准。虽然每一特定的评价有其具体的评价目标、标准，但各种教育评价共同的基本标准是教育目标。

教育目标是根据人与社会发展的需要，对教育活动的目的、方向和要求的规定，是教育活动的结果所应达到的标准、规格和状态，它是教育工作的出发点和归宿，是评价教育活动成效的依据。教育目标可以分为总目标和具体目标，国家教育方针规定的是国家教育的总目标，各级各类学校、各科教学、各种教育活动都有自己的具体目标。总目标和具体目标是相对的，它们都可以分解为不同层级的子目标，子目标是更为具体的目标，是评价教育活动的最直接的依据。

(三) 教育评价具有连续性和系统性

教育是一种有目的、有计划、有步骤的实践活动。教育现象的发展变化、受教育者的发展变化，要在一定的时空中反映出来。从纵向看，任何教育现象都是在原有的基础上发展变化来的，因此，评价教育现象要有连续性，不能仅看教育现象在某一时刻的点值，例如不能以学生的某一次考试分数论其优劣，而要看他的学习基础和努力程度等。同时，从横向看，教育现象的发展、学生的成长等是受多方面因素制约的，因此，评价教育现象要具有系统性、全面性，教育评价活动必须通过各种测验、调查、访谈等方式，全面、系统地而不是零碎地获取教育活动或评价对象的信息资料，这是教育评价活动赖以进行的基础。不调查就评价，只能是主观臆断。信息资料的系统性、可靠性直接影响评价结果的可靠性、有效性。例如对学生的评价，不能仅凭学科考试成绩，而是要全面收集学生多方面智能的表现的资料，进行全面评价，才能符合事实。

（四）教育评价过程是主客体互动，评价与指导统一的过程

教育评价作为教育管理的重要手段，进行评价是为了改进工作和学习，提高工作和学习质量，这是评价者和被评者共同的目标。所以评价中评价者和被评者应是相互协商的，尽量促使被评者参与并取得被评者的支持，重视被评者的自我评价。对于在评价中发现的被评者的不足之处，评价者应与被评者相互沟通，取得被评者的认可，并有责任帮助被评者分析原因，提供或创造条件帮助、指导被评者改进工作和学习。如果只评价而不指导，那么评价就不是手段而成了目的。做到主客体互动、评价和指导统一，才能达到改进工作、提高质量的目的。

第二节 教育评价的基本方法

一、绝对评价法、相对评价法与个体内差异评价法

根据教育评价标准的选取范围不同，可以将教育评价方法分为绝对评价法、相对评价法和个体内差异评价法。

（一）绝对评价法

绝对评价法是在评价对象的集合之外确定一个标准，评价时，把评价对象与客观标准进行比较。例如，教学计划的标准，一般是课程标准和教学计划，以及由此确立的具体评定指标；再如，以前我国推行的高中毕业会考制度以及大学英语四、六级考试制度，都是采用的非常典型的绝对评价法，考生达到相应的标准就行了，不注重考生之间的比较。

绝对评价法的优点在于：其标准比较客观，如果评价是准确的，那么评价之后，每个被评价者都可以明确自己与客观标准的差距，有利于发扬优点，克服缺点；同时，运用绝对评价法，可以直接鉴别各教育目标的完成情况，明确今后工作的重点。绝对评价法的缺点是：其客观标准很难做到客观，在制订和掌握评价标准时，容易受到评价者的教育价值取向和经验的影响。

（二）相对评价法

相对评价法是在评价对象的集合中选取一个或若干个作为标准，然后把各评价对象与基准进行比较。例如，对某校统考成绩的评价，通常是以该校所在市（县）统考的平均水平作为评价的基准，以该校成绩在一个市（县）中所处的地位来判断。

这种评价方法的优点在于：适用面广，不受集体整体水平的限制，也就是说，无论集体的整体水平如何，都可以比较出优与劣、先进与落后。这种评价方法的缺点是：评价基准随总体的不同而发生变化，因而容易降低或升高客观标准。

（三）个体内差异评价法

个体内差异评价法既不是在被评价集体以内确立评价标准，也不是在被评价集体以外确立评价标准，而是将评价者的过去和现在进行比较，或将评价对象的不同方面进行比较。

这种评价方法照顾了个体差异，但由于被试不与他人进行比较，这就很难找出自己与他人真正的差距，而且个体内具体的判断标准不容易选择，所以应该把个体内差异评价法与绝对评价法以及相对评价法结合起来进行评价。

二、定性分析评价法与定性综合评价法

根据评价对象是否为一个整体，可以将教育评价方法分为定性分析评价法和定性综合评价法。

（一）定性分析评价法

定性分析评价法是预先根据评价的标准，将评价内容分成几个项目分别进行评价。例如，评价教师一堂课，可分别评价教学目的、教学内容、教学方法、教学组织、教学态度、教学语言等几个项目，评价时可按照这些项目的具体要求，分别进行具体的分析判断。

（二）定性综合评价法

定性综合评价法是对评价对象的整体进行综合性评价，要求评价者具有丰富的经验。如评价学生的一篇文章，评价一位领导，评价一所学校，评价者总会有一个总体印象，根据总体印象可对评价对象进行综合评价。定性综合评价法具有较多的主观因素，有时误差比较大。

三、行为目标评价法和临床督导评价法

根据评价方法的正规性，可以将教育评价方法分为行为目标评价法和临床督导评价法。

（一）行为目标评价法

所谓行为目标评价法，就是采用可观察的行为目标作为评价依据的一种评价方法。这种评价方法的理论基础是行为主义心理学，其倡导者认为：传统的教育评价目标（或标准）是含糊不清的，人们只是根据主观的期望和想象制定目标，而不是考虑这些目标在指导行为和评价实施过程中的具体作用。例如，传统的教育目标规定，学生必须积极参加公益活动。但是，学生是怎样劳动的？是否应该经常劳动？究竟达到怎样的程度才能判定学生已经实现了这一目标？在传统的教育目标中，这些问题都是没有答案的，教师所能得到的只是一堆空洞、抽象的原则，因此难以对学生进行科学的评价。

行为目标的表达方式应注意两点：①应设立可能的观察行动的场合；②应设立容易表示出行动的程度或阶段。比如，学生积极参加公益活动是抽象的评价目标，因而要将它转换成具体的行为目标，即转换为以下一系列行为术语表达的问题：①学生通过何种方式参加公益活动？②学生用多少时间开展公益活动？③学生劳动是出于自愿还是为了完成教师布置的任务？

（二）临床督导评价法

临床督导评价法与行为目标评价法的区别在于，行为目标评价法是评价中较为正规的方法，而临床督导评价法则有更多的非正规性。临床一词意味着细致地观察评价者与被评价者之间的直接交往以及他们之间的亲密、和睦关系。临床督导就像医学中的诊断和处方，其意义不仅在于评价，更主要的在于帮助和提高。可见所谓的临床督导评价法，就是对被评价者的实际行为进行直接的现场观察和记录，然后把观察结果和评价意见反馈给被评价者，并和被评价者一起讨论改进措施的一种评价方法。

四、指标评分法和等级换分法

根据是否对评价对象进行等级评定，可以将教育评价方法分为指标评分法和等级换分法。

（一）指标评分法

这种方法是以100分为满分，把学生的行为表现划分为若干个指标，赋予每个指标一定的分值，评价时对每一个指标分别打分，最后累计出总分。

这种方法增大了可比性和精确性，并且量化指标明确，容易操作，但各项指标分值的确定缺少科学依据，评价者评出的具体分数也有随意性，受评价者主观因素的影响较大。

（二）等级换分法

这种方法就是把具体项目的等级评定换算成分数，然后将各项分数相加，满分为100分，具体做法如下：①首先规定若干大项目的分数，各大项目分数之和为100分。②再把各个大项目分成若干个具体项目，并规定满分分数。③将各具体项目再分为若干个等级进行评定。有些项目可分为两个等级，如合格、不合格；有的项目可分为三个等级，如优、中、差；有的项目可分为四个等级，如优、良、中、差。每个等级需确定具体的评价标准。④将各等级折算成分数，如某一项目的满分值为11分，可定为优（11分）、良（9分）、中（7分）、差（5分）四个等级。⑤将各项目得分相加，即为评价对象总体的评价分数。

第三节 教师评价的原理与方法

一、教师评价的原理

（一）教师评价的定义

教师评价，有的也称为教师考评，是指在正确教育价值观指导下，根据教育方针、政策、法规和教育目标、要求以及教师所应承担的任务，运用现代教育评价的理论、方法和技术，广泛收集评价信息，对教师的素质、工作过程以及工作绩效进行全面、客观、公正的价值判断的过程。教师评价是对教师工作现实的或潜在的价值进行判断。理解教师评价的内涵，必须明确以下几点：

第一，教师评价是一种促进教师发展的途径和手段，根本目的在于促进教师专业发展和提高教育教学质量。通过评价过程的反馈、调控，调动教师工作的积极性和创造性，促进教师不断总结、改进工作，不断成长和发展。

第二，教师评价的依据应是：正确的教育价值观、国家教育方针政策和法规、学校的教育目标、教师的根本任务和职业道德规范要求以及教师自身的特点和背景。

第三，由于教师劳动的特殊性，如教育教学过程的多因素、多变化和不确定性，劳动的示范性，劳动过程的长期性，教育成果的集体性等等，决定了教师评价的复杂性。对教师工作质量的评价要运用现代教育评价的手段、方法和技术，多渠道收集评价信息，对教师的全部工作进行多指标、多方位的综合分析和判断，这样才能使教师工作质量的评价更科学、更准确，更能反映每个教师工作的真实情况。

（二）教师评价的作用

一个学校能不能为社会主义建设培养合格人才，培养德智体全面发展、有社会主义觉悟的有文化的劳动者，关键在教师。只有具有高素质的教师，才能确保高质量的教育，培养高质量的学生。人们不断追求和完善学校教育质量时，不能忽视教师评价的价值。教师评价对促进教师专业发展、提高专业能力、改善素质结构、改进教育教学工作、促进教育改革和社会发展等方面都有十分重要的作用。

1. 有利于激发教师工作积极性，促进教师专业发展与成长

教师评价是调动教师工作积极性的重要手段。根据被评教师已有的成就和现实基础及教师自身特点，分析被评教师工作和发展中存在的优势和不足，在全面、客观评价信息的基础上做出公正的评价，对教师已取得的成绩的肯定可以使其获得精神上的满足和成功感，激发个体的主体精神；对其不足的指出，可以激发教师工作的积极性、主动性和创造性，在此基础上确定个体发展需求，提出具体的改进建议，使之不断完善和改进。教师评价指标体系和标准为教师树立了一个合格教师的标准，为教师自觉提高自己的政治修养和业务素质明确了方向。评价结果的分析处理，可以使每个教师能正确地认识自己，充分利用各种有利条件，努力提高自己的业务素质，更好地适应教育教学工作的需要。

"教育是一个使教育者和受教育者都变得更完善的职业，而且，只有当教育者自觉地完善自己时，才能更有利于学生的完善和发展。""没有教师的生命质

量的提升,就很难有高的教育质量;没有教师精神的解放,就很难有学生精神的解放;没有教师的主动发展,就很难有学生的主动发展;没有教师的教育创造,就很难有学生的创造精神"。[①] 教师在学生发展、学校发展过程中的作用决定了教师需要不断自我发展,教师评价可以为教师的发展导航。

2. 有利于提高教育教学质量

教育评价通过对教师的教育教学质量提出科学的标准,教师依据标准去实践,可以促使教师素质和队伍结构更加符合学校教育教学工作的需要,有效调节教育教学行为。通过评价可以有效克制和纠正违背教育规律的现象,克服片面追求升学率的不良倾向,促进教学改革的深入开展,推动教育教学质量不断提高。社会学家和心理学家的研究表明,"实现学校的需求不仅要依靠组织的力量,而且要依靠教师个人的努力或积极性,尤其要依靠全体教师的凝聚力和合作精神。"[②] 通过评价,教师可以从不同渠道获得工作的反馈信息,发现工作中存在的各种问题与不足以及自身的优点与成就,为改进教育教学工作提供依据。评价既可以肯定成绩、总结经验,又可以发现问题、找出差距,及时调节,及时强化,及时矫正,使学校和教师的工作不断地得到完善、改进,达到提高教育教学质量的目的。

3. 有利于加强教师队伍建设

教师评价的过程就是依据评价标准对教师素质及工作进行检查、总结和指导的过程。评价指标体系对教师自身的业务素质、专业发展、教育教学能力、职责和工作绩效等进行了明确的规定,为教师队伍建设提供了丰富的信息。对学校管理者来说,评价信息的搜集可以提供教师队伍建设有价值的信息资料,可以了解教师队伍的结构、教师工作状况和专业素质,为制订师资培训计划、调整教师队伍结构提供依据。管理者可以强化评价标准对教师的规范、约束和指导,使之能纠正缺点、发扬优点,最大可能地发挥每个教师的能量。学校领导对教师自身情况和教育教学质量的评价是建立在客观现实的基础上的价值判断,依此可对学校教师队伍现状进行判断,对其未来的发展作出规划,对不合格、不称职的教师做出培训或辞退的决定,促进教师队伍建设,优化师资队伍。由于评价科学、客观、公正,可以利用结果适当地进行奖惩,激励先进,鞭策后进,还有利于完善教师岗位责任制和聘任制。

4. 有利于促进学校管理科学化

教师管理是学校管理的核心,教师胜任社会赋予他们教书育人的职责,学

---

① 叶澜,白益民,王栅,等.教师角色与教师发展新探[M].北京,教育科学出版社,2001:3.
② 王斌华.发展性教师评价制度[M].上海:华东师范大学出版社,1998:124.

校就能够存在和发展，反之学校就会衰落。对校长来说，教师是受管理者；对学生来说，教师是领导者、组织者；对财物等方面，教师是使用者和管理者；对教育教学制度、法规，教师是执行者和监督者。教师在学校的多重身份，决定了对教师的管理既要科学、严格，又要灵活、动态。在学校中，对教师的管理主要表现在对教师工作状况的科学评价上。对教师的评价是加强对教师队伍管理的一个有力措施，是实现教师队伍管理科学化的正确途径。教师评价指标体系和评价标准为教师队伍的科学管理提供了可靠依据和客观标准。通过评价，学校领导可以及时获得教师工作中大量的反馈信息，对每个教师的情况形成全面准确的认识，为正确的决策提供可靠的依据。对评价结果的分析可以完善对教师队伍科学管理的环节，逐步健全教师队伍管理科学化的过程。教师评价是实现学校管理化、科学化的有效措施。

二、教师评价的方法

研究结果表明，有多种途径可用于教师评价：自我评价、家长评价、学生评教、同行评议、书面材料的收集与观察以及教学成果等等。在实践中还没有任何一种方法，已被证明对总结性的判断来说，已达到必要的信度的要求。然而，多渠道地收集信息，有助于提高评价的信度。

（一）教师自评

教师自评是教师评价中一个重要的方面，这不仅因为它是收集必要的信息的一个途径，而且因为它也是教师自我诊断的一个重要方面。在一定意义上，甚至可以说，教师自我评价的过程就是教师自我激励与自我提高的过程。

然而，需要为教师的自评提供必要的训练。没有经过训练的教师，在观看教学录像时，只注意根据个人的态度、声调、仪表以及教学辅助工具的运用来进行自评，往往不能对自己的教学行为做出深入的分析。

（二）学生评教

在教师评价中，学生评教自 20 世纪 70 年代以来一直为世界许多国家所重视。主要观点如下。

1. 学生是教学过程的主体。他们对教学目标是否达成、师生关系是否良好，都有较深刻的了解；对学习环境的描述与界定也较客观。

2. 学生直接受到教师教学效能因素的影响，他们的观察比其他突然出现的评价人员更为细致周全。

3. 学生参与评教有利于师生沟通，从而有助于提高教学水平。

4. 学生评教的结果可作为其他学生选课的参考。

基于上述考虑，学生参与评教是值得鼓励的。事实上与教师评价的其他方法相比，学生评教不仅比较方便，而且在统计的意义上具有较大的稳定性。研究也表明，学生评价这一方法既花费不大且有相当的信度，它的信度范围通常在 0.8~0.9；在学生对教师评价与学生成绩之间相关系数较高的情况下，它的信度系数可望更高。

英国在 1987—1989 年进行的学校教师考评试验性研究（The School Teacher Appraisal Pilot Study），也得出同样的结论。把学生的意见当作教师考评的资料来源存在着矛盾。教师及其负责人对此一直保留的态度，但是，无论是研究还是实践的结果都表明：当把学生的评价范围限制在仅描述教学活动时，这些资料具有相当高的效度。

在这多种资料的收集途径中，学生对课堂教学的评价是最有力的材料。但是，教师评价的实践表明，教师一般对此都感到不舒服，他们大多对学生能准确地评判教师活动的能力缺乏信心。因此，如何使教师克服这类心理障碍，就成了学生评教结果能被有效地接受和最大限度地发挥其作用的关键。

（三）同行评议

同行评议不仅在形成性评价中有很大的潜在价值，而且对在教师中创造一种专业发展的气氛也有重要意义。使用同行评议这一方法的基本观点，是在评价教师能力方面同行具有较大的发言权。同样，评价者对课堂教学、教材以及对教师的要求都比较熟悉。这使他们的建议，对教师的提高及工作的改进都能提出有价值的建议。

为提高同行评议的质量，在学校中建立经常性的听课与观摩制度是有利的。它有助于教师之间的取长补短，共同提高。同时，它也有助于大大地降低同行评议中的主观臆测成分。

（四）观察与会谈

现场观察在教师评价中一直占有重要的位置，因为它具有相当的可靠性。但研究表明，课堂观察的可靠性与有用性，直接地依赖于观察者在观察之前所掌握的信息量与信息的类型。此外，观察相对来说，花费的时间较多。上述两种情况表明，在使用这些方法的时候，需要对评价者进行适当的训练。

在观察基础上的会谈，尤其是用于帮助教师发展的诊断性会谈，可以用来发现存在的问题，以及问题的症结所在。它的优点是可就有关问题进行较为深入的讨论。然而，这一方法也有它本身的缺点：会谈中得到的意见，在很大程度上依赖于会谈者的能力与技能，以及被评教师在多大程度上有与会谈者讨论他们自己的活动的意愿。

第四节　教育评价制度的改革

一、考试制度的建设与改革

考试是我国教育评价活动中经常要采用的工具和手段，因此，研究教育评价及其制度的建设，不可不关注考试及其制度的建设问题。

（一）建设和完善考试制度的设想

1. 建立和完善考试的基本规则体系

考试的基本规则体系是关于考试活动的一般规章制度。它是根据考试的规律和特点制订的各级各类涉考人员必须遵循的关于考试组织、管理、实施和结果运用的总的规程和准则。其主要组成部分应该包括以下几个方面的内容：

（1）关于考试组织管理的规则

这一规则体系既包括对各种类型考试的性质、目的、方式、工具、手段、条件、程序、适用范围、考试纪律、结果处理与运用、信息资料管理等做出明确界定和规范，也包括对考试计划、时间、频率作出规定，还包括对主考机关、主考人员权利职责和素质要求做出规定。

（2）关于考试工具编制的规则

这一规则体系既包括对各类考试设计即考试的目标、内容、标准的确定，考试方法和方式的选择，对考试命题计划的制订以及题库建设、管理与使用等做出原则性规范；也包括对命题、组卷质量要求、题库抽样方法、编制方式和程序、试测和评价、试卷制作和管理等做出规定。

（3）关于考试实施过程的规则

这一规则体系总体上说包括考前、考试、考后三个阶段的规则，具体地说涉及考试动员教育考试的文件（不含试卷）制订、考试信息发布、考试手续办理、试卷取送和保管考场编排、监考人员遴选与培训考试监管方式和机构、考场监考与服务、舞弊行为处理、评卷组织与管理、评卷程序与要求、试评与验收、分数登录与统计、结果信息运用与管理等方面。

2. 建立和完善分类考试制度

由于考试和测量在现代社会生活中应用十分广泛，因此，在建立考试基本制度的同时，还应针对各类考试的特点和规律，建立和完善各种分类考试制度，以便对不同类型的考试做出适应性的规范。

首先是要根据考试应用目的的不同，建立和完善学校成绩考试、水平考试高校招生考试和自学考试四大基本考试制度。

其次是要建立和完善各种不同考试方式的考试规则体系。如按考试作用分有知识测验、学能倾向考试、诊断考试；按客观和标准化程度分有主观性考试、客观性考试，其中又有标准化考试和非标准化考试；按考试方法分有口试、面试、笔试、操作性考试、典型问题处理考试。考试制度对这些不同方式的考试也要就其目标、内容、标准、方法、适用范围、题型、试卷编制以及考试组织与管理等方面做出规范。

最后需要强调的是考试制度也要对教育评价中的考试做出规范。教育评价中的考试是为评价服务的，现代教育评价除了主要需要考试具有评定功能，提供教育教学质量信息以外，有时还需要考试发挥诊断、区别、预测、激励等功能，为评价提供教改效用、行为归因、动态发展、特色鉴别、效益评价等方面的信息，因此其兼具事实判断与价值判断、成绩测量与能力测量、水平测量与潜能预测的性质和特点。因此，考试制度的建立和完善，必须对教育评价的这种特殊考试，做出有关考试目的标准、内容、样式、方法、抽样、阅卷、评分、结果处理与运用、信息统计与分析等组织与管理的规范。

3. 建立和完善考试机构与管理体制

考试制度的建设和实施的载体是考试机构，考试制度作用的发挥依赖于健全、合理的考试体制。因此建立和健全考试机构及其管理体制是建立、完善考试制度的题中应有之义。

首先是建立健全合理、科学的考试管理体制。所谓管理体制主要是指考试机构及其职责权限的划分和相互制约关系的规范。考试机构主要履行考政和考务两个职能，也可以分为考政管理机构和考务管理机构。考政管理机构主要履行考试政策规则条例等的订制和解释、民间考试服务机构的批准、考试计划及其实施的审批考试指导与评价、考试纪律的执行与纠纷仲裁、考试结果的运用和信息发布的审批、考试人员培训和科学研究的管理等职能。

考务管理机构主要履行考试设计、命题、实施和成绩的提取等组织与管理的职能。在现代考试走向社会化的趋势下，还要推进社会、民间考试服务机构的建立，将考务职能赋予社会机构承担。

在建立和健全考试机构的基础上，政府还必须以制度形式规范各级各类政府与民间的考政、考务机构的职责、权限及其相互制约关系，形成健全的考试管理体制。

其次是建立考试人员培养与培训制度，建立考试人员资格审查制度，以及考试科学研究管理制度。

(二) 改革考试制度，推进考试科学化和现代化

考试作为学力测度和人才甄别手段，其运用质量和水平，关乎教育人才培养和社会人才管理的导向，涉及亿万考生的切身利益。因此，必须以与时俱进的态度，不断改革和完善考试制度，推进考试科学化和现代化，以确保考试的客观性、有效性和可靠性。

1. 考试科学化探讨

我国考试历史之悠久，考试运用之频繁，考试规模之宏大，可以说是世所罕见的。但是，考试科学化程度之低，也是有目共睹的。这主要表现在考前和考后两个环节上。考前无设计，目标不清晰，命题凭经验，试卷不试测，标准不明确，抽样不规范；考后分数无转化，数据无处理，解释无参照，误差未调整，成绩无分析。这种考前不设计蓝图，考后不分析质量的考试表现出严重的经验性、传统性、主观性、随意性，背离了现代考试的科学化。考试科学化主要是指测试的误差小，并能对误差进行估计和控制，使考试有理想的信度和效度。测试的误差主要来自于试卷编制、考试实施过程和考生本身；而失效的考试则主要由考试目标不明确、内容没有代表性、实施方法不当和结果使用不适当造成。为此，必须注意从试题编制、组织实施、成绩使用三个方面推进考试的科学化。

(1) 试题编制科学化

试题编制主要指命题和组卷，但其科学化的前提是考试设计。因此，试题编制科学化首先是坚持考试设计，即规定考试目标、内容、标准，解决"考什么"的问题；规定考试方法和类型，解决"怎么考"的问题；编制命题计划即试题编制和试卷组成的"工作蓝图"，解决试题编制操作问题。

其次是坚持试题编制程序：即按照考试设计→命题大纲和命题"双向方格表"→编制试题→组成试卷→检验信度与效度→试测→修订调整的程序编制试题。

再次是坚持试题编制要求，即试题取样有代表性，试卷组成有针对性。为此要注意试题是有意义的实质性的问题，题型新颖、多样，题目含意明确，有区分度，数量和占分比例合理，覆盖面较大，难度深度及合格线确定合理，各题有独立性，答案有定论，排放有序等问题。

（2）组织实施科学化

考试实施组织和管理的科学性关系到测试过程的客观性、可靠性和有效性，即考试的成败。为此，首先要确保考试实施过程计划周密、有章可循、安排合理、组织严谨、运转有序、纪律严明，保证试卷编印送取、应考宣传教育与组织、考场编排、监考安排、巡视督导、安全保卫、卫生医疗考试保障考务处理试卷装订与保管、评卷组织与管理等各个环节的工作井然有序、及时到位、准确无误、高效运转。

其次要特别注意严肃考风考纪，防止考试舞弊。为此，除了注意考风考纪教育，考试保密和严格处理舞弊行为外，还要采取科学管理的措施防舞弊行为的发生，如混合编排考场考号、交换监考人员、加强交叉巡视、封闭考场、电子监视、双重对照检查、单人单座单行考试等。

再次要科学严密组织评卷工作。其一，建立评卷组织，成立试卷保管调度组、评分顾问组、合分组、评分题组，各尽其能；其二，坚持评卷工作程序，按试评、阅卷、合分、总复查和验收程序组织评卷；其三，采用一人一题，流水作业方式阅卷评分；其四，客观性试题可采用机器评分或一人一页有调纸板对号评分；其五，执行抽查、复查、验收三结合制度。

（3）成绩使用科学化

考试的目的就是要利用考试的成绩（分数）来获取某些信息，说明某些问题。如一组考生知识掌握和能力发展的总体状况，每个考生成绩在参考人群（团体）中的位置，等等。有时还需要考试分数的合成（累计），需要对分数做出解释、比较，需要用分数来衡量教师、学校教学工作的成效，对教学过程做定量分析，等等。传统的做法就是直接用评卷得来的分数（即原始分数）作根据，求平均，排名次，或直接累加，直接比较，得出评价结论。

考试成绩使用科学化，涉及导出分数、"分数区间"、分数加权平衡、累加等统计处理。可以参考有关教育测量、教育统计类书。

2. 考试现代化探讨

我国考试存在的问题，不但表现在科学性程度较低方面，而且也表现在观念陈旧、方法单一、手段落后等方面。因此，改革考试制度还必须着力推进观念、目标、方法、手段的现代化。

（1）考试观念现代化——正确认识考试的作用

"考哇考，教师的法宝""分呐分，学生的命根"。这个流行于校园的顺口溜，极其形象而深刻地刻画了师生对待考试的态度和观念。实事求是地说，考试对于教育评价和人才管理具有多种功能和作用。如果观念对头，运用得当，它确实可以发挥许多积极作用。但是，如果对考试的实质认识不清，对其局限性意识不到，不适当地运用考试手段，又缺乏与时俱进的现代教育及其评价思想指导，则可能过度夸大考试的作用，扭曲考试的功能，从而导致消极的后果，产生负面的影响。姑且不说考试直接导致学生伤害的问题，仅就"应试教育"屡纠不治的事实，就足可以说明这一点。因此，改革考试制度，首要的就是更新考试观念，端正对考试作用的认识。

为此，首先要深刻认识考试的实质，充分意识考试的局限性，正确地对待考试作用。从实质上说，考试是通过考生对有一定代表性的试题的解答来推定考生知识掌握和心理能力发展的状况。这种推理是否准确、客观、有效、可靠，取决于考试的诸多因素，诸如试题有否代表性和针对性，考生解答是否受随机因素影响，把回答记录转换成等级或分数是否科学，还有题意表述、答案规范、赋分得当等等问题。这就使考试必不可避免地具有偶然性、主观性等局限性。即使以上因素都是科学无误的，考试成绩的分数也不具有一般测量数据那样明确的含义，也不可能准确客观地说明考生的真实状况。只有这样认识考试，才不至于将考试及其成绩绝对化，才不至于把考试当法宝，把分数当命根，不至于滥用考试和成绩，"一考定终身""考场见英雄"。

其次要以现代教育及其评价思想指导考试，正确地发挥考试功能。教育考试具有教育性，故此考试运用必须充分顾及对学生的教育影响。教育评价考试还必须注意对学校的办学导向。只有以现代教育思想指导考试的运用，才能保证考试发挥积极、进步的教育功能。这首先要求考试目的观念现代化，变鉴定性考试为促进性考试。传统考试过分注重鉴定分等的目的因而对学生和学校具有巨大的压力，易于诱发紧张感，使评价考试竞试化，使学校教育应试化，束缚学生主动、活泼的发展。现代教育强调的是创造适合儿童的教育，现代教育考试正在朝适当弱化鉴定、分等目的，淡化考试与教育教学的界限，强化导向、激励、适应、促进的目的，融合考试与教育教学关系的方向发展。我们必须注意和研究这一现象，并用以指导考试运用。

（2）考试运用现代化——目标定位和方法使用现代化

首先是考试目标现代化，变重知识测量为知识、能力、素质并重测量。"考什么"对"教什么"影响极大，现代考试应在全面发展和培养创造性人才的思想指导下，将考试目标定位为结合知识考能力，尤其注重考考生捕获、运用信息和知识创新的能力。

其次要求考试方法现代化，变单一方法考试为多样方法考试。多样方法、方式、形式的运用不仅是考试方法自身变革发展的问题，更重要的是促进学生全面发展的需要。这就不仅要求考试要运用多样的传统方法，如口试、面试笔试操作性考试闭卷、开卷考试等方法，而且要注意采用多种现代测量方法，如智力测验、能力倾向测验、人格测验、品德测量、设计测验、典型问题处理测验等方法，尤其要注意开放性考试、创造性考试、自主性考试方式的运用。比如，在难度、信度效度相近的条件下，让学生选择试卷或试题解答；在答案评分上，对于有新颖解法和独到见解的答案酌情鼓励加分；让学生根据参考答案自主评阅试卷；有些考试可采用分组集体答卷方式；有些考试可以只点评而不打分；有些考试可以附加趣味性创造性试题而不计分等等。

再次要求成绩使用和分数解释现代化，变横向比较（相对评价）为纵向自我比较（发展评价）和目标比较（绝对评价），变绝对分数值比较为"分数区间"比较，变分数排名为成绩解释。

（3）考试手段现代化——利用现代科学技术和手段武装考试

用现代科学技术武装考试，不仅能有效提高考试的效率和效益，而且能有效提升考试的科学性程度和现代化水平。例如，第一，计算机在考试全过程中的应用，从题库建设管理到取样编制试卷，从报考登照到编制考场考号，从考场调度到考场监督，从机器评卷到登录统分，从分数处理到成绩分析，从试卷分析到考试评价，甚至实行终端上机考试，都可以广泛利用计算机技术。

第二，现代数理方法的考试应用，凡是应当且可以运用定量分析的考试环节，都应运用现代数理方法，采用计算机处理。如试题试卷信度、效度、难度、区分度检验，分数处理、转换与合成，成绩分布统计，"分数区间"计算，权重确定，考试误差确定与矫正，试卷统计分析等等。

第三，各门现代学科科学方法的应用。现代教育学、心理学、人才测评学、评价学、管理学、社会学、工程学、系统科学等创造了许多新的方法和技术，都可以广泛应用到考试中来。如德尔菲法、专家会议平均法、头脑风暴法、反头脑风暴法、系统分析法、各种测量法、文件筐法、模拟作业法、系统仿真作业法等等。

总之，考试现代化就是要用现代化科学理论和技术方法武装考试，革除现行考试制度的弊端，提升传统考试的水平，创造出能给学生思维自由、能激发学生学习兴趣和创新热情、容许并鼓励学生采用不同途径获得知识信息的考试制度，适应和促进现代教育的发展。

3. 实现考试标准化

所谓考试标准化，是指按照系统的科学程序来组织，具有统一的标准并对测量误差进行严密控制的考试。标准化考试是考试现代化和科学化的产物，因此，推进考试现代化和科学化的重要标志之一就是实行考试标准化。国际上流行标准化考试的原因在于此。标准化考试通常有以下四项要求：

第一，测试工具亦即试卷的标准化。就是按照统一的命题计划，编制出大量的高质量的试题。这些试题都经过多次试测和筛选，具有符合要求的效度、区分度、难度、平均分、标准差，并搭配出多份等价的试卷，这些试卷都具有符合要求的信度和效度。这样，一方面，按照科学要求，实现了试卷组成的最优化。另一方面，对于使用标准试卷的不同次考试，其成绩就具有了可比性。

第二，考试过程的标准化。在命题的同时，编制出关于考试条件和实施过程的说明书，要求严格按照说明书的规定组织考试工作。这样，一方面对考试实施中可能引起误差的干扰进行了有效的控制，另一方面又使不同时间、不同地点的同类考试具备了相同的考试条件，具有了可比性。

第三，评分的标准化。即按照统一的评分标准和给分办法进行评分工作。标准化考试除个别主观性试题外，一般都采用阅卷机评分。

第四，分数解释和使用的标准化。即将原始分数都转换为相同的导出分数——百分数级或标准分，并提供用作比较的分数标准——"常模"或"目标"。分数常模，就是对大规模的同类考生，使用标准化试卷，在严格控制的条件下进行测试，所得到的考试分数的平均值。分数常模都采用百分等级或某种标准分的形式。使用常模作为参照的标准化考试叫作常模参考测验。分数目标，就是按照教学目标规定出的可通过的最低标准。

实际上它也是根据能够被人们承认为基本达到教学目标的人员的平均水平制定的。以某种考试目标作为参照的标准化考试叫作目标参考测验。评分的标准化和采用导出分数、建立常模或目标，实际上就是同类考试计量单位的标准化。

考试标准化的主要工作是编制标准化试卷。标准化试卷的编制过程大体是这样的：

首先聘请专家按命题计划编制出的大量试题，这往往是相当长的一个过程，然后对试题进行测试、修改和筛选，将选好的题目制成标准题目卡片，再按双向方格表搭配出相当数量的等价试卷。上述过程可称作为命题过程。试卷编好后，对大规模的同类考生进行测试，搜集考试信度和效度的资料，并制定出分数常模。同时编写出考试说明书，详细说明考试的目的、对象、考试内容和标准、实施方法、要求和注意事项、评分办法和常模分数表、信度和效度资料等。标准化试卷是严格按照科学化的程序设计编制的，并经过大规模的测试和反复修改，因此一般都具有很高的信度和效度。

二、教育评价的再评价制度建设

教育评价对教育的发展、改进和管理具有重要的意义。教育评价又是一种涉及多种因素的复杂活动。其重要性要求教育评价科学、客观、可靠和有效，其复杂性又决定了教育评价的偏差和失误很难避免。而"身在此山中"的教育评价又难识自身之"庐山真面目",况且教育评价的理论研究和实践探索在我国仅刚刚开始。因此,对教育评价的鉴定和监控,以及为此做制度化建设,就是十分必要的了。再评价制度建设的意义,在于从制度层面规范再评价的活动,保证再评价的实施。再评价制度建设有利于规范教育评价和再评价行为。再评价制度建设有利于保证再评价的实施。再评价的具体实施如下:

(一) 再评价的组织领导

再评价的实施首先要解决由谁来组织领导的问题。在我国评价制度尚未健全的时候,实践中已形成了一条不成文的原则:谁实施评价就由谁来领导再评价。为增强再评价的客观性、权威性,再评价可由行政部门主持,请有经验的教育工作者或专家进行再评价。更重要的是要体现评价的民主性、群众性,广泛吸收管理者和教职工、学生代表、社会各界人士、家长参与再评价,充分听取他们的意见。是否要成立再评价组织,成立的组织是临时性还是长期性的,由主管部门或施评者确定。

(二) 施评前的初步评价

评价方案拟就之后,实施之前召开论证会,对方案的科学性、可靠性进行论证。征求到会人员的意见,重点放在可疑点的充分讨论,横挑鼻子、竖挑眼,把可能出现的问题挑出来研究,设计较为妥善的办法加以解决,这种论证会就是对评价方案的初步评价。

(三) 实验中的试行评价

初步评价是"纸上谈兵"的东西,方案是否科学可行,检验的标准是实践,在大面积推开之前,先在个别单位或局部地区试行评价。试行评价包括两种,一是对方案中个别项目的评价、调整。重点是对不可接受、不符合实际或负效应大的因素的再评价。如评价教师能力时虽要看"科技论文",但鉴于当前教师这方面素质较低,绝大部分没有写论文,勉强评下去大家都是0分,没有什么意义,因此指标可改成"工作总结"或"教学工作体会"。二是实验结束时,对原方案进行全面评价。重点抓好检测数据和评价结果的效度、信度鉴定,以及测验项目的难度、区分度鉴定,对实验的测查及方案做出总体评价。教育评价是一项复杂的工作,为慎重起见可多轮实验、反复试评、不断修改方案,实现方案的优化。对制定一个地区的评价方案来说,实验点上的试评有形成性评价的意义,实验过程就是实践检验、不断改进、优化方案的过程。

（四）普遍施评后的总结评价

按正式评价方案普遍施行后，在一定周期内将评价结果与评价目标作比较，看哪些达到了，哪些没有达到，原因是什么？与评价工作本身有什么关系？这种总结性的评价要从评价的指导思想、组织领导、评价方案、评价结果的处理、评价的影响等方面进行再评价。重点是看评价能否把大面积的被评对象区分出层次，对被评对象的工作有否促进。同时也要对评价工作的优缺点进行评析。总结性评价很重要，因为在实验点上行得通的未必在大面积施评上能行得通，某个时期行得通的在情况条件发生变化后未必行得通，因此，每进行一次大面积评价后都应进行总结，以不断完善评价工作。

第四章 家庭教育学探索

家庭,对于不同的个体来说,不是一个陌生的词汇,"家庭是孩子的第一所学校,父母是孩子的第一任教师"这是大众对于家庭最重要、最简洁的概括。家庭作为所有社会制度中最基础、最亲密的团体,对个体的影响是极其深远的,因此它具有不可替代的特殊意义。每一门学科都有它独立的研究对象,家庭教育学亦是如此。

第一节 家庭教育的理论基础

家庭教育学的重要任务之一是帮助为人父母者成功地扮演父母角色,做称职的父母。从这个意义上说,家庭教育学的对象是父母,因此,家庭教育学从父母的角度来看,就是学习成为有效能父母的学科,父母是学习的主体,目标在于促进孩子更好地适应、成长与发展。为正确发挥家庭教育功能,父母必须接受教育或训练,应用各种策略与技巧,使父母和孩子都获益。相关的教育学、心理学理论或实践模式为家庭教育提供了理论依据,使父母在自我成长和训练中更有所依循。

一、心理学理论基础

(一)精神分析论

精神分析理论是现代心理学和社会心理学的主要理论之一。该理论是在治疗精神障碍的实践中产生的,后来成为一种强调无意识过程的心理学理论,有时称为"深层心理学",创立者是奥地利精神病学家弗洛伊德(S. Freud)。精神分析理论的产生有其深刻的历史人文背景,其观点方法在近一个世纪以来经过众多的心理学家的努力得到不断发展,形成众多派别,不仅在西方心理学中占有重要地位，而且成为一种影响当代西方文化的重要社会思潮。其对于社会心理学的影响更是入木三分。精神分析学说的影响尤其表现在动机、人格、社会化、态度、群体动力学等理论领域。当代心理学界一般认为精神分析理论的代表人物是弗洛伊德和荣格（C. G. Jung）。

（1）弗洛伊德的经典精神分析理论。弗洛伊德认为人的意识有意识和无意识之分，意识是与直接感知有关的心理部分，是人能体验到的部分；而无意识是包括个人的原始冲动、各种本能及与本能有关的欲望部分，这些欲望和冲动因受到禁忌和法律等的控制而压抑到意识之下，虽然不被意识到但未被泯灭，仍在不断活动，随时有可能被召回到意识之中，这可召回的部分就是处于意识和无意识之间的潜意识。人被压抑的欲望以性欲为主，弗洛伊德认为性的后面有一种潜在的力量促使人去寻求一种不受约束的快乐或快感，他称之为"力比多"。"力比多"是人的本能能量，是人作出一切行为和人格发展的原动力，自我本能和性本能都是指向生命的生长和增进；与之相对的是死的本能，即个体可能存在的某种侵略、破坏或自我毁灭的本能。他把人格分为本我、自我和超我。本我是最原始的、无意识的结构部分，由本能和欲望组成，"力比多"在人格结构中与本我联为一体；超我则按社会的道德准则行动，按至善的原则活动，遵循伦理原则；自我是人格的意识部分，既要满足本我的即刻要求，又要按超我的客观要求行事，自我遵循"现实原则"，依现实可以允许的尺度而控制和压抑本我的冲动，是我们经历到的真实存在。弗洛伊德认为人格的发展亦即本我、自我和超我在个体身上的平衡过程。另外，梦的解释、俄狄浦斯情结（Oedipus Complex）、焦虑和自我防御机制等也都是弗洛伊德精神分析理论的重点内容。

（2）荣格的集体无意识学说。与弗洛伊德认为情结的产生源于个体早期童年生活中的创伤性经历不同，荣格认为情结的产生还一定有人类本性之中某种更深层的原因。荣格在分析个体的人格时把个体结构看作意识、个体无意识和集体无意识的统一体。正是在这种探索中，将弗洛伊德提出的无意识概念发展为集体无意识，其主要内容是"原型"，即遗传的先天倾向。他认为人们的科学和艺术创造活动都是原型在起作用。荣格的精神分析被称为"分析心理学"。

（二）行为主义学派

19世纪末20世纪初，美国心理学界出现了一种新的思潮：行为主义心理学。1913年，美国心理学家华生（J. Waton）发表了《一个行为主义者眼中所看到的心理学》一文，宣告了行为主义心理学的诞生。华生在巴甫洛夫条件反射学说的基础上提出，心理学应该摒弃意识、意象等太多主观的东西，只研究所观察到的并能客观地加以测量的刺激和反应，无须理会其中的中间环节，华生称之为"黑箱作业"。人类的行为都是后天习得的,环境决定了一个人的行为模式,无论是正常的行为还是病态的行为都是经过学习而获得的,也可以通过学习而更改、增加或消除,只要查明了环境刺激与行为反应之间的规律性关系,就能根据刺激预知反应,或根据反应推断刺激,达到预测并控制动物和人的行为的目的。行为就是有机体用以适应环境刺激的各种躯体反应的组合,有的表现在外表,有的隐藏在内部。行为主义认为心理学是一门行为的科学,科学的研究只限于以客观的方法处理客观的资料,内省不是客观的方法,用内省法所得到的意识经验,更非客观资料,心理学的目的;应是寻求预测与控制行为的途径。行为主义主张客观的研究方向,有助于摆脱主观思辨的性质,更多地从实验研究中得出结论。行为主义心理学的主张中最重要的有以下四点:①强调科学心理学所研究的只是能够由别人客观观察和测量的外显行为。②构成行为基础者是个体的反应,集多个反应即可知行为的整体。③个体行为不是与生俱来的,不是由遗传决定的,而是受环境因素的影响被动学习的。④经由对动物和儿童实验研究所得到的行为的原理原则,即可推论解释一般人的同类行为。

行为主义发展到20世纪30年代后,因其严守自然科学的取向而受到了批评。有些原属行为学派的学者不再坚持"客观的客观"的原则,转而接受意识为心理学研究的主题之一的理念。行为主义心理学中持有此种理论取向者,被称为新行为主义心理学。新行为主义学派的主要代表人物是托尔曼(E. C. Tolman)、赫尔(C. L. Hull)、斯金纳(B. F. Skinner)。新行为主义认为,有机体不是单纯地对刺激作出反应,它的行为总是趋向或避开一个目标。在动物和人的目的与行为之间,必须有一个"中介"因素,这就是个体的认知。新行为主义强调客观的实验操作,冲击了内省心理学,促进了心理学的广泛应用和程序教学的开展,但陷入了还原论和机械论的境地。

(三) 人本主义学派

人本主义心理学是20世纪50年代和60年代在美国兴起的西方心理学思潮和革新运动,其代表人物主要有马斯洛(A. I. Maslow)和罗杰斯(C. R. Rogers)。在人本主义心理学出现之前,心理学中最有影响的两大学派是精神分析学派和行为主义学派,而人本心理学是作为对这两大学派的反对力量出现在心理学舞台上的,所以人本主义也号称心理学第三势力的理论。它一方面反对精神分析学派从对心理障碍患者的观察去推论人性,认为这种观察得到的是"病态的人";另一方面反对行为主义者从对动物的观察去推论人性,认为行为主义者眼里的人是"大一点的白鼠"。

人本主义心理学家重视主观性及实现倾向,把实现倾向与心理健康相提并论。他们主张研究人的价值和潜能的发展，因为他们相信人的本质是善良的，人有自我实现的需要和巨大的心理潜能，只要有适当的环境和教育，人们就会完善自己、发挥创造潜能，达到某些积极的社会目的。为此，他们从探讨人的最高追求和人的价值角度出发，认为心理学应改变对一般人或病态人的研究，而成为研究"健康"人的心理学，揭示、发挥人的创造性动机，展现人的潜能的途径。他们是整体取向而非还原取向，认为人是一个独一无二的整体，不能对其进行片面孤立的研究。

人本主义方法论不排除传统的科学方法，而是扩大科学研究的范围，以解决过去一直排除在心理学研究范围之外的人类信念和价值问题。其中马斯洛基于他对人类基本需要的理解而提出了动机理论，该理论按照自下而上的层次排列人的基本需要，依次是生理需要、安全需要、社交需要、尊重需要、自我实现需要，这些动机得到满足才能达到心理健康。马斯洛的动机理论是建立在乐观主义的假设上的，即人的内在天性是善良的。内在天性有成长与实现的动力，但比较微弱，容易因遭受挫折、否认、压抑而引发疾病与神经症。马斯洛认为自我否认是心理疾病及困扰的主因。

在人本主义心理学中，罗杰斯特别注意人的成长过程，其人格理论也常被称为"自我理论"，他认为一个人在自己的发展过程中，由于与环境交互作用，逐渐把"自我"与环境分化开来。"自我"是整个现象场中与我们自身相联系的那部分知觉及其附着的意义，它是被个人看作"自己"、"主我"和"客我"的那部分现象场，也就是说"自我"是人的全部经验中的一部分，通常代表着这样一些含义：我是怎样的，我属于哪一类人，我能做或应该做哪些事情，等等。

二、社会学理论基础

社会学是探讨集体行为、社会结构及功能的科学。由于家庭是群体组合，因此，家庭的形成、改变、发展与功能也一直是社会学家关注的焦点。由于学者立论的不同，形成了不同的理论体系，对社会组织体制与现象有不同的分析角度。以下介绍几种主要的社会学流派的理论。

1. 功能学派

功能学派认为，社会由具有各种功能且相互作用的单位组成，不同社会现象或体系均有其特定功能，家庭也不例外。不同的社会单位对社会都有贡献。社会的运作具有整合与均衡的倾向，社会单位或整体社会的运作失调只是暂时性的，各个社会单位本身具有自动调整、顺应与改变的功能。

2. 冲突学派

冲突学派认为，社会体系内的冲突无法避免，社会团体成员间常涉及利益矛盾，资源与权力分配不均，因此常常导致冲突。社会各团体都会产生冲突，家庭也无法避免，亲子冲突、夫妻冲突都可能发生。不过依照冲突理论，冲突是具有社会功能的，有了冲突，才可能使社会成员重新思考个人的角色，并且重新分配资源或权力。冲突又可分团体内冲突与团体外冲突，两者相互牵引，通常团体外冲突有助于提高团体的凝聚力，减少团体内冲突。家庭成员关系和谐、密切互动、沟通良好、权力矛盾少，则冲突会减少。

3. 社会交换理论

社会交换理论认为，人处于社会情境中（包括家庭在内），人与人的互动就是一种计算得失的理性行为，物质的交换是常见的交换现象，亲情、声望、协助、帮助抚慰等也是一种交换。人是利己、自我中心、为个人着想的生物体。利他或互利多是基于个人是否获得利益的考虑。社会之所以有互动产生，就是因为个体经由交换而获得满足与利益。交换的利益可以是有形的，也可以是无形的，如尊重、快乐或幸福等。

4. 符号互动论

符号互动论关注社会互动中个体对社会情境的解释、定义与反应的过程。符号包含语言、非语言、图形、文字等。通过符号，个体可以展现其思想、观念、态度与价值，同时也通过解释与分析符号了解他人。通过符号互动，社会群体中的个人可以与他人交流、沟通彼此的观点。亲子沟通也可以看作是主观解释、分析他人符号，进而相互交流的过程。不同的家庭与亲子关系可能有不同的符号互动类型。

5. 社会进化论

社会进化论援引达尔文生物进化论的论点，说明社会改变的特征，社会的变迁、进步、发展都是进化而来，社会进化是人类社会适应环境的结果。该理论认为，家庭结构与生活模式也是社会进化的结果。当社会价值、科学技术、生活模式、身心需求改变时，家庭也可进化到不同的状况与类型。社会学也关注社会互动、社会组织的发展历程。社会组织通常具有规范、地位、角色、权威等四个特质，家庭也包含了这四个特征。另外，社会学也探讨文化与社会化过程。文化就是人类在社会情境中所学习的一切，是各种知识、信仰、观念语言、宗教等的总和，家庭的观念、行为模式会受到文化的影响。

三、生态学理论基础

生态学感兴趣的是生物个体之间的关系，以及生物个体与环境的关系，如个体因环境而发生的改变、复杂环境中个体的适应与发展等问题。生态学家关心人与环境的交流与转变，并对六个主要课题感兴趣。

（一）交流

生态学认为人与环境是相互交换的过程，交换一段时间后，各自就会有所改变。人的需求、个性特征的改变与环境的变化都是人与环境交换的结果，而非单纯的人格或环境的作用。

（二）生活压力

人在环境中会有各种压力。压力有正向的，也有负向的。当环境的要求、经历与事件被当成是具有挑战性的并能给个人带来成就与尊严时，它对个人就有积极的影响；反之，如给人带来伤害、失落与冲突，环境就会对个体产生不良影响。

（三）应对方式

应对就是个人对内在压力的调适方法。应对的目的在于问题的解决和对消极情绪的处理。当应对方式有效时，压力减轻；反之，则破坏个体的社会功能。

（四）住所

住所指一个人或家庭生活的地方。住所有物理和社会情境两种特质，物理特质包含住处、建筑、都市或乡村等，社会情境特质则包括家庭、宗教、工作与生活等。

（五）安顿

安顿指个人在环境中的适应状况，也显示个人在社区所占有的位置。良好的安顿表示个人拥有良好的教育经济资源和机会。

（六）关联

生态学也关注个人与他人，如亲戚、朋友、邻居、同事，甚至宠物的关系。根据生态学的观点，家庭就是一个生态环境，家庭又与外在的生态环境相关联。家庭的生态体系可区分为四类：
(1) 微系统：个人在家庭或团体中每天接触的环境。
(2) 小系统：个体、环境与群体在个人小环境中的互动。

(3) 中系统：代表社会正式与非正式的结构对个人产生的影响与限制。
(4) 大系统：指文化社会力量，以及一切价值、态度与信仰所形成的体系，对微系统、小系统与中系统都会造成影响。

个人与家庭及环境是不可分离的，系统是一个整体，牵一发而动全身，单一因素的改变会影响整体系统的改变。个人与家庭所形成的体系对个人的发展影响巨大，所以健康的家庭生态环境的建立与维护是必要的。

第二节 家庭教育的内容与原则

一、家庭教育的内容

随着社会进步，对人的素质要求会更高，教育任务和内容也会更新。但简单递加，只会增加孩子的负担，对其健康成长有害无益。因而，我们主要侧重于生活能力方面、社会伦理道德和法规制度方面、身体健康方面、心理健康方面、智力才能方面和审美能力方面的研究。

（一）生活能力教育的任务和内容

生活能力是健全人必须具备的能力，也是家庭教育重要的任务和内容。教育子女吃奶、喝水、吃饭、说话、走路、穿衣等，培养其基本的生存能力；教子女懂得家庭生活的基本规范，养成良好的饮食起居习惯；鼓励子女从事力所能及的家务劳动，不断提高自理和自立的能力；鼓励和指导子女参加各种有益的社会活动，正确理解和处理周围人际关系，培养为人处事的能力；教育子女了解大自然，增强适应自然环境的能力，指导子女欣赏或表演文体节目，逐步培养其高尚的生活情趣。

（二）思想品德教育的任务和内容

培养子女具有爱祖国、爱人民、爱集体、爱科学、爱劳动、爱社会主义的思想感情；培养子女具有讲文明、懂礼貌、守纪律、诚实正直的思想品德；培养子女具有尊敬师长、团结互助的思想品德；培养子女具有勤俭节约、艰苦朴素、爱护公物的思想品德；引导子女认识人生的目的和价值，帮助子女树立正确的人生观；教育子女遵守家庭中和社会中的伦理道德规范；教育子女掌握社会法规制度的知识，自觉遵守社会各项法规制度；注意培养和爱护子女的独立性，教育他们自尊、自重、自强、自律，懂得个人与社会、权利与义务的关系；培养他们在真理的追求、事业的进取和自身的完善诸方面的自强不息的精神，为其成为社会主义现代化建设新人奠定良好的思想品德基础。

（三）身体健康教育的任务和内容

家庭教育在养成人们健康行为习惯方面具有重要作用。家长要全面关心子女的饮食和睡眠，科学安排其饮食结构、注意劳逸结合、不过分疲劳，使其身体健康发展；保证子女的安全，防止和避免发生意外伤害事故，排除容易伤害孩子身体的隐患，教给他们自我保护的能力；教给子女卫生常识，加强疾病预防，养成良好的讲卫生习惯，使其避免或减少疾病；鼓励子女参加户外活动，进行游戏，郊游；指导子女初步掌握体育运动的基本知识和技能，养成锻炼身体的习惯，提高适应气候变化和抵御疾病的能力。

（四）心理健康教育的任务和内容

培养子女具有良好的情绪状态和积极向上的情感；培养子女具有不怕困难，顽强拼搏，自信自强的意志；培养子女不断正确认识自我，增强调控自我、承受挫折、适应环境的能力；培养子女健全的人格和良好的个性心理品质；培养子女具有广博的兴趣和正当的爱好；培养子女具有敢想敢干、认真负责、虚心好学、热情待人的性格；对子女进行科学的性知识、恋爱知识、婚姻知识的教育，指导子女正确对待恋爱、婚姻及两性关系；对子女进行心理卫生知识教育，使其养成健康的心理。

（五）智力开发和知识教育的任务和内容

对子女进行早期智力开发，使其学习民族语言和社会生活常识，激发其学习兴趣，调动其学习积极性；培养子女良好的学习习惯，开阔视野；对文化知识的学习进行必要的指导或辅导；创造良好的学习环境和气氛，帮助子女掌握科学的学习方法。

在现代家庭中，有两种偏向值得注意。一是只重视知识掌握，而忽视智力的开发。二是只重视特长的培养，而忽视基础知识的掌握。

（六）审美能力教育的任务和内容

培养子女正确的审美观点和感受美、鉴赏美、享受美的能力；培养子女表达美（如仪表美、语言美、行为美）和创造美（如美化生活环境，在音乐、图画、舞蹈、文学等方面创造美）的能力；培养子女高尚的情操。

家庭教育以上六方面的任务和内容，在实施过程中还应充分考虑到教育对象不同年龄阶段的不同身心发展特点。

二、家庭教育的原则

（一）"成人教育"与"成才教育"并重

在家长心目中，存在这样的教育误区，即普遍重视孩子的"成才教育"，忽视"成人教育"，认为学业成绩优秀就是"成才"，就是"成人"。在现实生活中，具体表现为：特别关注孩子知识的学习和学业成绩，忽视德育、体育、美育和生产劳动教育，忽视能力和心理素质的培养；特别关注孩子做作业，除完成学校作业外，还要求甚至强迫孩子参加各种辅导班、提高班，加重孩子的课业负担，妨碍孩子生动活泼地主动学习；以考试分数作为评价孩子的唯一标准，挫伤孩子学习的主动性、积极性和创造性，影响其全面素质的提高。这些都是应试教育的产物，与现代教育观、人才观相背离，与教育目标相背离。因此，家长在进行家庭教育时，必须重视"成人教育"，将"成人教育"与"成才教育"并重。"成人教育"与"成才教育"并重是指不仅要培养孩子成为各行业的人才，更为重要的是把孩子培养成为遵守社会规则和道德，且身心健康发展的全面的个体。一个孩子只有在"成人"的基础上才能"成才"，甚至"成人教育"在一定程度上比"成才教育"更为重要。

要做到"成人教育"与"成才教育"并重，就需要家长转变教育观念，充分认识到"有智无德"的人是"危险品"，绝不能只关注"成才"而忽略"成人"。家长要逐渐培育正确的家庭教育观，摆脱"学而优则仕"的官本位教育理念，形成注重培养普通快乐人的教育观念，同时，注意培养孩子的拼搏精神，既重视智力的发展，也关注孩子心理的健康发展。

（二）平等与规矩并重

"严父慈母"是理想型的家庭教育模式，但是，受西方平等家庭教育理念的影响，以及我国特定历史文化的熏陶，现代家庭呈现出"虎妈猫爸"的结构配合，这种模式严重地影响了平等与规矩并重的基本家庭教育原则。平等与规矩并重原则认为，家庭教育既要对孩子严格要求，同时又要做到尊重孩子，做到在民主平等的情况下开展家庭教育。而在具体的社会实践中，家长往往只注意到对孩子严格要求，而忘记这个要求是以尊重孩子为前提的。平等与规矩并重原则是指家长在家庭教育过程中，首先把孩子当作一个独立主体来对待，家长认识到孩子自出生后就是一个独立的个体，因而要尊重其主体人格，在家庭教育的实施过程中，做到民主平等，以尊重、理解、平等的态度同孩子们交流思想、沟通感情，进行必要的"说教"。

提出一些适当的教育要求，并通过教育引导其逐步实现这些规矩。虽然家长在教育孩子的过程中要尊重孩子，但也要适度，不能变为溺爱。"不以规矩，不能成方圆"，有规矩就是要严格要求。严格要求，是指家长为帮助孩子健康成长，对其提出的一些要求。这些规矩的提出意味着教育因素的加强，也是家庭教育的具体体现。

（三）理性施爱

在这方面常见的误区是，家长过分宠爱孩子，一味地迁就孩子，从不对孩子提要求或者不能坚持对孩子的要求。其原因就是没有正确的教育理念，殊不知，溺爱会导致孩子变得软弱无能。

理性施爱原则要求家长在实施家庭教育时，感情不应占上风，而应将感性和理性结合起来。基于现实中一些父母溺爱孩子，缺乏原则，为强调父母施教时的理性，在家庭教育中，家庭成员，特别是家长，在充满爱的浓浓亲情中，不但要以无私的亲人关系关爱孩子，更需要情感和理智相结合，坚持科学育人，使子女的身心得到健全发展。理性与感性相结合，家长要把握好"度"，防止出现过分保护或者过度教育。对子女要严格要求，不能一味地迁就，要从子女的长远利益出发，对子女施教，达到教育子女的动机和效果的统一。

（四）思想统一性与方法针对性

家长对孩子的要求和态度不一致，导致孩子无所适从，长期下去，甚至可能形成双面性格。其原因就是家长的教育观念不一致，出现对孩子要求不一致的情况。家长对孩子的要求朝令夕改，或者对孩子的要求只实行一段时间，没有长期坚持下去。还有的家长发现孩子出现了问题，纠正几次之后，孩子还是反复出现，家长丧失了信心，放弃了对其继续教育。其原因就是没有考虑到孩子的一些习惯及个性的养成具有长期性和反复性的特点。因此，家长的教育思想要统一、言行要一致，而且家庭教育的前后也要统一、始终一致。在多子女家庭中，家长对所有孩子的要求应统一。此外，家庭教育、学校教育和社会教育要一致。家长对孩子的教育要持之以恒，做到保持连贯性。因为无论是孩子的良好习惯，还是健全人格，都需要长时间坚持才能形成。

教育方法的针对性原则是指家长对孩子施教时，要考虑孩子的个性特征及身心发展的阶段性，采取适当的方式和方法，选取合适的内容。同时，父母的教育理念、教育态度要保持一致性和连贯性。在这方面，常见的误区是，有的家长根本不考虑孩子的年龄和个性，而提出难度较高的要求，其原因就是没有考虑到情景的复杂性和孩子的差异性。要做到教育方法的针对性，就必须全面了解自己的孩子，了解他们的气质、性格等，明确他们的兴趣、能力等。同时，在了解孩子的基础上，要尊重子女的个性特点，尤其是多子女家庭中，不能因家长对孩子的个性特点的喜恶而对其产生偏爱或厌弃。

第三节　家长素质与家庭教育

一、家长素质对家庭教育的影响

在家庭生活中，子女的行为表现往往与其家长的言谈举止极为相像。父母是子女在日常生活中接触最多，最喜欢模仿的榜样。

家长对子女的影响作用是多方面的。家长的身体素质、心理素质、文化素质及思想品德素质都会不同程度地对子女发生潜移默化的影响。

（一）家长的身体素质

家长身体的健康状况是影响子女发育的第一要素。在子女成长发育的过程中，遗传、环境、教育及其主观能动性是影响身心发展的四个基本要素，父母的身体素质则是子女身心发展的物质前提。经由遗传，父母向子女传递祖先的某些生物特征，如：肌体的形态、构造、神经系统和感官的一些特征。父母的身体素质好、体魄健壮，就会遗传给子女完善的神经系统和健全的感官。相反，父母因身体不健康或因近亲结婚或药物毒害，则可能导致子女身体畸形或智力发展方面的障碍。

同时，母亲情绪状态也直接影响胎儿生长发育。胎儿因母体的情绪变化而分泌不同的化学物质，随同血液循环，对胎儿产生重要影响。因此，母亲的良好身体素质并保持愉快情绪对孕育胎儿、婴幼儿生长发育有极其密切的关系。

（二）家长的心理素质

家长的心理素质是影响子女身心发展的重要外部动因。家长的聪明才智、情感行为及个性品质会通过各种渠道对子女有意无意地产生影响。

家长作为子女的第一任教师，应具备良好的心理素质。家长的聪明才智表现在家庭教育中即具有敏锐的观察力，灵活且富于创新的思维能力和意志行为的果断性。良好的心理素质还表现在成就动机上。父母具有较高的成就动机，就会诱导儿童成就动机的高度发展。

家长的情感奠定了子女情感生活的基础。家庭成员的关系构成了儿童最初的生活经验，父母及祖辈如何相互对待，正是儿女认识社会的开始。由于家长的性情暴戾，或父母的感情不和，给子女造成的心灵创伤往往难以弥补。

因家长的情感异常导致子女身心发展障碍者不乏其人。当子女感到家庭是冷漠、自私、充满争吵、敌对的感情时，他便会产生不信任感，对未来缺乏信心，甚至可能发展为对社会的不满和反感。青少年犯罪中，因得不到家庭真挚的爱抚而走上犯罪道路的占很大比重。

家长的意志为子女成才树立了楷模。子女对自己所喜爱的父母观察最细，感受最深，学习也最为自觉。家长对待工作的负责及钻研精神，热爱生活的广泛情趣，以及待人宽厚的博大胸怀等良好的心理素质，都会启发子女的创造意识、积极奋发的心态和善于交游、宽以待人的处世态度。总之，家长的心理素质是影响子女成才经常的、广泛的、稳定的因素。

（三）家长的文化素质

家长的文化素质与家庭教育质量有直接关系。子女的智力发展取决于父母的文化素质。

那些杰出人物的父母虽然文化程度不尽相同，但他们的共同之处在于都关心子女的成长，肯于以更多时间，更大精力和财力去教育子女，并且普遍注意个人的言行在子女面前的表率作用。这些家庭教育的特点，正是高文化素质的具体体现。家长的文化素质低下，对子女成长也有严重影响。

（四）家长的品德素质

家长的品德素质是个人思想、政治、道德规范的综合反映，是决定子女品德面貌的基础。家长的品德素质对子女具有深刻的影响。

儿童在幼年时期思想单纯，行为习惯也不巩固，他们在生活上、心理上对父母存在依赖感和信任感。因此，父母的言行举止很容易在子女幼小的心灵中打下深刻烙印。子女与父母在经常的接触中，耳濡目染，受到思想上、道德品质、行为规范多方面的熏陶，从而逐步形成对善恶、真伪、良莠、是非等概念；学会待人处世，学会做人。

家长的素质对子女成人、成才必将产生深刻而持久的影响，成为制约家庭教育成败的重要因素之一。

二、家庭教育艺术

(一) 家庭教育艺术之让孩子自由发展

我国教育家陶行知先生主张孩子的六大解放，使他们充分得到自由的生活，从自由的生活中得到教育。第一，解放他们的头脑，使他们能想；第二，解放他们的双手，使他们能干；第三，解放他们的眼睛，使他们能看；第四，解放他们的嘴，使他们能说；第五，解放他们的空间，使他能到大自然大社会中去取得丰富的学问；第六，解放他们的时间，不把他们的功课表填满，不逼迫他们考试，不和家长联合起来在功课上夹攻，要给他一些空闲时间消化所学，并且学一点他们自己渴望要学的学问，做一点他们自己高兴做的事情。

但让孩子自由发展，并不是对孩子放任自流。孩子的自由发展是在法律道德范围内的发展，是在家长正确指导下的发展。给孩子自由，让他们自由发展不失为一种好的家庭教育艺术。

(二) 家庭教育艺术之赏识激励

有人曾说，赏识导致成功，抱怨导致失败。不是"好孩子"需要赏识，而是赏识使他们变得更好；不是"坏孩子"需要抱怨，而是抱怨使他们变得愈来愈坏。赏识是孩子心灵深处最强烈的需求，我们家长应该学会赏识孩子，尊重孩子，因为每个孩子的潜力都是无穷的。

家长对孩子的赏识与激励犹如是孩子们的营养剂。只要家长对孩子充满信心，并且嘴边经常挂着一些由衷的赞美之词，便可使丧失信心的孩子恢复自信；不求上进的孩子乐于求知；表现不错的孩子更加积极上进。而责罚与抱怨只会让孩子更加沮丧自责。

教育孩子不是盯着孩子的缺点，而是专找孩子的优点。然后将这些星星之火，通过家长的"小题大做"，使其形成燎原之势。因为通过对孩子的激励，可以增强孩子的想象力，能开发孩子的创造力，能增强孩子的记忆力以及培养孩子的自信心。

那要怎样来赏识激励孩子呢？其一，可以用激将法，当孩子们将别人与自己比较时，我们可以激励他们去做一些有意义的事，通过这种方式来引导他们。其二，可以多方赞美，对于孩子，只要他们有可取之处，家长都应该肯定他。其三，可以带孩子去做户外活动，在活动中对他们进行赏识激励，这样不仅可以舒缓压力，还可以增进家长与孩子的关系。

（三）家庭教育艺术之做好孩子的榜样

家长是孩子的第一任老师，家长的言行影响着孩子的言行，好的家长应时刻注意自己的言行，为孩子做好榜样示范作用，从以下几方面做起：

1. 尊重他人从说话做起。作为与孩子最亲的人，父母始终是孩子最重要的老师。不论何时何地，家长的一言一行都会直接或间接的影响孩子，甚至会影响孩子对父母的态度以及与父母的关系。身为父母，首先要注意自己对配偶的说话方式，如果经常发牢骚、指责甚至辱骂对方就会对孩子产生负面影响；反之，如果能随时看到对方的优点并且赞美对方，孩子也会成为心中充满爱的人。

2. 父母适当的亲密有利于培养孩子的独立性。很多家长认为不应该在孩子面前表现得太亲密，怕孩子"学坏"。其实爱人之间的适当的亲密可以很早就让孩子知道爸爸妈妈不是他们一个人的，这样可以有效避免孩子养成盲目强势霸道的坏习惯，可以给孩子提供充满爱的家庭氛围，让孩子也学会爱人，也可以提高孩子独立生活的能力。

总之，家庭教育作为教育体系中的一个重要组成部分，应当引起全社会的共同关注。在家庭教育，一方面家长要努力提高自己各方面的素质，为孩子做好榜样作用；另一方面，家长要正确选择家庭教育的艺术，防止自己走入家庭教育的误区。

第四节 特殊人群的家庭教育

一、超常儿童的家庭教育

超常儿童仅指智力发展和才能明显优于一般儿童，并不是说超常儿童的身体发育、个性特征全部占有优势。他们的生理发展特点及个性发展仍具有同龄儿童普遍的、共同的、典型的心理特征。所以，不能将超常儿童视为早熟的成人，也不能将他们视为完人。超常儿童同样需要童年的乐趣和必要的生活照顾；同样需要加强培养和教育才能充分发挥超常潜能，并使身心获得健全发展。对超常儿童持拔苗助长和放任自流的观点，采取苛刻或娇惯的教养方式，都会产生贻误儿童身心健康的后果。

(一) 超常儿童的心理特征

1. 超常儿童的智力发展特点

（1）感知观察力

几乎所有的超常儿童都具有感知敏锐、时空知觉发展快、辨别力与观察力强的特点。他们的视觉、听觉感受性强，能在很短时间内迅速、准确地获得大量信息；对汉字的音、形、义具有极强的辨认能力；他们的语音、语调及语言表达相当准确。

超常儿童善于观察事物，能迅速地把握事物的特点及事物间的关系和联系，他们在观察中反映了强烈的求知欲望和探究心理。

（2）记忆力

超常儿童具有良好的记忆力，有意记忆，理解记忆和抽象的逻辑记忆的发展相当迅速。他们常常表现"过目不忘""倒背如流"等特点，反映了超常儿童记忆的速度、广度及牢固程度明显优于常态儿童。超常儿童对词语有较强的记忆力，词语的记忆速度和广度表现优异。由于超常儿童记忆力发展迅速，因此，他们的知识面广，不论是汉字、英语、数学、诗文、以至天文、地理、历史；无论是有意义的或是无意义的材料，一经点拨或接触，他们就能记住，甚至经久不忘。有些超常儿童在记忆时，能够运用良好的记忆方法，善于寻找规律和特点帮助记忆。

（3）想象力

超常儿童在日常生活中，表现具有丰富的想象力，他们善于自由联想，创造发挥，再造性想象及创造性想象发展迅速，不但能够借助语言表述发挥想象力，还能运用艺术形象和艺术语言，开展海阔天空的创造性想象，超常儿童的创造力表现也相当出色。

（4）思维能力

思维能力是认知能力结构中的核心成分。超常儿童认知能力的发展，突出地表现在思维能力方面，特别是创造性思维能力的发展水平，是鉴别儿童智力超常的重要指标。

超常儿童对概念和概念系统地掌握，要早于常态儿童两个年龄标准差，他们能运用概念进行分析、比较和判断、推理，他们的类比推理能力和创造性思维能力的快速发展，成为他们抽象逻辑思维能力发展的主要标志。

超常儿童良好的思维品质，表现在思维的自觉性、敏捷性、灵活性、批判性、逻辑性、深刻性和独创性方面，上述素质都超过常态儿童。其中，思维的独创性是超常儿童的突出品质。他们的思维模式不同于一般儿童，他们善于别出心裁，能做出别人想不到的事。

2. 超常儿童的个性发展特点

（1）兴趣和求知欲

儿童的兴趣和求知欲要经历由不随意到随意，由笼统到分化，由狭隘到广阔，由表及里的过程。同时，存在着明显的个别差异。

超常儿童的兴趣和求知欲，不仅表现十分浓厚和强烈，而且表现在对事物的好奇和探究上，希望从中有所发现。超常儿童视学习为乐趣，他们能在较短时间内，获得大量的知识和技能，并因此促进了求知欲的进一步发展。

（2）注意力

超常儿童的注意表现在由无意注意向有意注意转化快；注意的品质较好，能集中注意持续较长时间，对感兴趣的事物做到专心致志，很少分心，这是使他们智能潜力超于常态儿童的重要心理因素。

（3）坚持性和自制力

超常儿童的坚持性和自制力，主要体现在他们勤奋的学习活动中。他们能自觉地排除外界的诱惑和干扰，主动进行自我调节，坚持认真的学习，表现出坚毅的意志行为。

（4）独立性和自信心

超常儿童表现有超前的自学能力，在学习、思考和解决问题的过程中，反映了较强的自我意识，对个人的学习正误，有明确的评价能力，善于在自我调节中认真独立思考，想方设法解决问题，并能举一反三，灵活地处理难题。超常儿童对个人的判断、推理以及解决问题的能力充满自信。

（5）进取心和好胜心

超常儿童一般表现富有进取精神。他们遇事不甘落后，从不服输，总想胜过他人。他们能够积极对待困难和挫折，遇到失败也不气馁，努力争取成功。超常儿童的好胜心还表现在愿与别人竞争，并取得胜利，他们一般都有抱负，并为实现个人的理想而不懈努力。

（二）超常儿童的家庭教育策略

1. 言传身教策略。由于父母与子女之间存在着角色上的差异，父母对子女始终具有引领的义务，在讲清道理、立下规矩、付诸行为等方面，家长要注意讲与做相结合，言与行相统一，言教与身教并重。道理要讲，知识要教，行为要示范。做一名令孩子敬佩的人。

2. 亲子互动策略。生活在同一屋檐下的家长与子女之间的相互影响与作用就是亲子互动，亲子互动是家长与孩子交流思想、讨论话题、解决问题的重要形式。亲子间建立起顺畅、有效、积极的互动模式对于家庭成员的身心健康尤其是孩子的良好成长具有非常重要的意义。以下几个策略将有助于亲子间的良性互动。

(1) 肯定与赞扬策略。针对超常儿童的优点和特点，家长一定要掌握好赞扬与肯定的策略。超常儿童的聪明表现常常会得到他人的啧啧称赞。作为家长对自己孩子的优点、成绩也要及时、恰当赞扬。但要选择好赞扬的方式，恰当的表扬方式可以使孩子养成自信、乐观的个性。夸奖孩子时要针对具体的事情、侧重孩子付出的努力，切忌泛泛地说"真聪明""真是好孩子"。对于孩子与众不同的特点，家长一定要接受和肯定，决不能人云亦云地轻易否定或打击。

(2) 相互协商策略。针对超常儿童的缺点和所犯错误，家长要采取协商的策略来解决，杜绝简单的打骂方式。协商策略分为几个阶段，第一阶段是家长指出问题、孩子发现并接受认可问题，指出问题时，家长要态度平静，使用中性描述词进行客观陈述，不能带有批评与指责的情绪。第二阶段是家长提出改正建议、孩子选择改正方式，针对孩子所犯错误，家长列出几条改正的办法建议让孩子来选择，在孩子选择后，家长与孩子要签协议，列出改正方式与执行的时间表。第三阶段是孩子落实协议，家长督促检查，改正协议签订后，孩子和家长双方都要严格履行协议规定，家长要视执行情况，给予相应的奖惩。

(3) 放手信任策略。家长要培养超常儿童性格中的独立、自主性，要学会采取放手与信任的策略。对于生活中的事情要放手不包办，让孩子承担适当的家务劳动，从而培养超常儿童的劳动能力、对家庭的责任意识、孝敬长辈的态度。对于超常儿童的学习，要引导不强制，给孩子介绍多种多样的学习方法，但不强迫使用。当孩子遇到学习困难时，要相信孩子的能力，积极鼓励孩子树立努力攻克难关的勇气，适时提供有效建议，放手让孩子独立面对困难，直至解决问题。

二、残疾儿童的家庭教育

(一) 残疾儿童及其家庭教育特点

残疾儿童亦称"缺陷儿童""障碍儿童"，如智力水平低下、盲、聋哑、严重的情绪障碍、肢体残疾等。残疾儿童由于身体某方面的障碍，不仅是行为不便，心理状态也会异于普通儿童，如性情孤僻、性格内向、敏感、情绪消沉等。家长要早发现，及时求医，给予孩子特殊的帮助，为孩子创设条件、利用特殊的手段和方法进行教育。

残疾儿童的家庭中，应该让家长正确面对孩子的不同，并积极为孩子创造适宜的成长环境。残疾儿童的父母应该站在孩子的角度思考问题，能够看到他们自身的潜力，从而改善家长与孩子、孩子与社会的关系，能够让孩子在一个良好的人际环境下成长。社会也应积极关注残疾儿童父母自身需求，及时为其提供心理辅导，使他们摆脱心理困境，获得自我修复的能力，为残疾子女创造积极的成长环境。

(二) 残疾儿童的家庭教育指导要点

（1）残疾儿童家庭教育的基本目标是：通过家庭教育和训练，使儿童学会一般生活技能，确立其自主人格和自信心，逐步达到自我照料，并能掌握一技之长，未来能够独立生活、自食其力。

（2）帮助孩子调适心态、融入集体。家长要帮助孩子克服自卑心理，敢于面对现实；鼓励孩子进行有利于身心健康的各种实践；学会控制情绪，保持平和心态；创造条件鼓励孩子扩大社会交往，培养广泛的兴趣爱好，尽量参与正常孩子的活动，淡化孩子的"残疾人"意识。

（3）保护孩子免受社会上不良因素伤害。残疾的孩子心理较为脆弱，父母不能对其表现出丝毫的歧视和嫌弃；还要随时了解孩子的心理和行为，及时化解来自各方面的不良刺激，避免产生不堪设想的严重后果。

针对不同残障儿童，家庭教育中有不同的侧重点和注意事项。

智力障碍儿童的家庭教育中，家长应树立"医教结合"的观念，引导儿童听从医生指导，拟定个性化医疗和教育训练计划；通过积极的早期干预措施改善障碍状况，并培养儿童适应社会的能力；坚定信心，以身作则，重视儿童的日常生活规范训练，并循序渐进，持之以恒。

听力障碍儿童的家庭教育中，家长应积极寻求早期干预，积极主动参与儿童语言训练，在专业人士协助下制定培养方案，充分利用游戏的价值，重视同伴交往的作用，发展儿童听力技能和语言交往技能，使其能进行一定的社会交往，逐步提高儿童的社会适应能力；加强对儿童的认知训练、理解力训练、运动训练和情绪训练。

视觉障碍儿童的家庭教育中，家长应及早干预，根据不同残障程度发展儿童的听觉和触觉，以耳代目、以手代目，加强缺陷补偿。家长应鼓励视觉障碍儿童运用现有视力学习和活动，提高有效视觉功能；对于全盲儿童，建议家长训练其定向行走能力，增加与外界接触机会，增强其交往能力。

肢体残障儿童的家庭教育中，建议家长早期积极借助医学技术进行干预和矫正，以降低残障程度，提高活动机能；营造良好家庭氛围，用乐观向上的心态感染儿童；鼓励儿童正视现实、积极面对困难；教育儿童通过自己努力，积极寻求解决问题的方法，以获取信心。

三、罪错儿童的家庭教育

罪错儿童是指犯有某种罪行或过错的儿童。其主要特点是，这类儿童由于年龄尚小，缺乏起码的是非观念，很容易受到各种不良的影响，从而犯下罪错。罪出有因，导致罪错儿童犯下某种罪错的原因复杂，通常而言，主要是来自家庭和社会的各种诱因导致，如家庭结构缺损、监护人言行不良、不负监护责任，使孩子身心受到伤害，形成不良道德品质，甚至发生罪错行为。罪错相对成年人较轻，经过正面教育，重新建立正确的世界观、价值观和是非观，这类儿童通常能改正所犯下的罪错，回归正途。

（一）罪错儿童家庭原因分析

1. 家庭结构缺损

一般情况下，家庭结构完整，儿童能得到良好的家庭教育，儿童发生罪错行为的几率很小。相对来说，在家庭结构缺损的家庭中，儿童发生罪错行为的几率就要高很多。与完整家庭子女相比，表现出问题行为的人数随之增多，具体表现为：情绪低落，易烦躁发怒，孤僻冷漠，自卑感强，学习困难，偷窃、打骂、撒谎等。由于家庭结构缺损，子女得不到父母的爱护与照顾，使孩子的心理缺乏安全感；父母很少对孩子给予正确指导，从而增加了儿童行为的盲目性。由于家庭结构缺损，导致父母时常情绪失控，容易将不良情绪发泄到子女身上，甚至对子女身心施暴，使子女性格变得暴躁冷酷，心理遭到扭曲，消极、压抑的情绪积习日深。这样的儿童，一旦在社会生活中遇到一定的背景和机会，他们被压抑已久的消极情绪就容易变成非社会或反社会的行为，甚至出现罪错行为。

2. 家庭气氛不良

家庭感情气氛是家庭气氛中最主要的方面，是家庭中占优势的一般态度和感受的综合表现。不良的家庭心理与生活气氛是造成儿童攻击性行为、多动不安、违纪等行为及心理问题的重要因素。许多研究表明，家庭成员之间长期的分歧、敌对、争吵不休、紧张冲突，不愿意相互交谈，会使儿童的内心产生严重的焦虑与矛盾，变得悲观多疑、抑郁退缩、孤僻暴躁、心神不定或神经质，增加了儿童的好斗、攻击性行为和敌意性归因倾向，导致儿童自我概念发展障碍，心理变态或反社会行为。特别是父母在家庭中经常发生公开的冲突易促使儿童的上述不良行为更甚。生活在这种不良家庭环氛围的儿童，当其心灵遭受严重创伤时，上述不良行为便会不期而至，在一定条件下就会发展为罪错行为。

3. 教养方式偏差

冰冻三尺，非一日之寒，孩子犯下某种罪错并非一朝一夕所致，这和家庭教养方式息息相关。极端的家庭教育方式，如对孩子过分的严格、过分溺爱过度教育和过分保护都非常不利于孩子身心的健康发育，会让孩子形成各种不良行为，更容易导致孩子误入歧途。如果家长不能及时意识到这些不良行为与教养方式之间的关系并尽快调整自己的教养方式，防微杜渐，这些不良行为日积月累不断恶化，加之各种不良影响的侵袭，就会使孩子犯下某种罪错，甚至走向犯罪的深渊。

(二) 罪错儿童家庭教育策略

基于系统论的观念，儿童问题行为的预防也必须从系统观念出发，把家庭看作一个系统，并且以系统的观念来理解家庭内所发生的各种现象，并借此找到教育罪错儿童的切入点。

1. 营造良好的家庭氛围，用爱抚慰罪错孩子心灵

强调以"家庭系统"的观点与取向来了解家庭与个人的心理与行为，并进一步认为，要改变变态的现象或行为，不能单从治疗个人成员入手，而应以家庭系统（家庭成员之间的关系、家庭气氛、家庭结构特点、父母教养方式、亲子关系等）为对象，其目的在于建立健康的家庭，使家庭关系、亲子关系、养育态度以及家庭主要矛盾等得以改善，从而使个别成员的行为或心理倾向健康发展。

当子女发生罪错行为后，家长更应该承担起教育的责任，找出问题的症结，为孩子改邪归正付出努力。首先，家长要主动创设良好的家庭氛围，在情感上给罪错儿童更多的关心和爱护，让他们感受到家庭的温暖，抚慰因家庭缺损带给孩子的伤痛，提高家庭生活质量；其次，坚持对孩子正面教育和严格要求，在教育过程中注意不能操之过急；第三，家长要淡化子女的过失，消除子女的消极情绪，增加他们积极的心理体验，帮助孩子发展特长及培养志趣。

2. 端正教养态度，积极为罪错儿童树立良好的榜样

面对罪错孩子，家长在深感惋惜自责之余，更应该积极寻找纠正罪错儿童各种罪错的途径。其中，最重要的是要端正教养态度，采取正确的教养方式，不能因为孩子曾经犯了某种罪错了放弃对孩子的教育，或是对孩子的行为心存芥蒂，而应主动寻找导致孩子犯下罪错的原因，杜绝类似的罪错再次发生。

同时，家长应该为孩子树立正确的榜样，以身作则，用自己生活中的一言一行逐渐感染和教育孩子，逐渐摆脱罪错给孩子生活蒙上的阴影。

第五章 远程教育学探索

远程教育学是教育学研究的重要视角,本章首先分析了远程教育学的理论基础,接着进一步探讨了远程教育的基本模式与常用方法,论述了远程学习的特征与对策探索,最后详细地阐述了远程教育资源与质量管理的相关内容。

第一节 远程教育学的理论基础

一、技术哲学

（一）工程学的技术哲学

工程学的技术哲学从技术内部进行分析,强调技术本身的性质和特征。他们从技术专家的角度来看世界,包括技术、自然和社会。通过对技术本身进行反思,对技术细节进行分析与考察,了解技术的发生、发展的内在规律,然后运用他们所掌握的技术术语去解释世界和改造世界。当他们将整个世界进行技术化通约时,世界就被看成是一部庞大的机器体系,自然、人、社会都是这一部庞大的机器体系内的机械。不仅技术是机器,各种自然物包括人都是机器。

实质上,无论是物质的工具,还是语言和国家等制度的存在,都是人的器官的外化或投射,也就是人的进化。这样技术、人、社会都被技术所通约,技术的意识被无限地增强或扩展。

（二）人文主义的技术哲学

人文主义的技术哲学是用非技术的或超技术的观点解释技术意义的一种尝试。其代表人物有：美国哲学人类学家芒福德（Lewis Mumford）、德国哲学家海德格尔（Martin Heidegger）等。他们往往是通过对工程学的技术哲学的质疑开始，他们坚信工程学的技术哲学将整个世界进行技术化通约是错误的、不合理的做法。

人文主义的技术哲学从非技术的角度，对技术的发展进行了理性的思考，认识到技术是一把"双刃剑"，在促进社会发展的同时，也存在着危害社会、危害人类的可能性。

（三）马克思主义的技术哲学

马克思主义技术哲学的观点是从文化哲学、哲学人类学角度对技术本质进行透视。在本体论上把技术看作是人的本质力量的延伸；在价值论上把技术看作是既可以造福人类又可能危害人类的"双刃剑"；在未来观上既反对盲目乐观，又反对一味悲观，而主张用辩证思维指导下的认识论、实践论、历史观把握人与技术的内在矛盾和人类征服自然与服从自然的外在矛盾，在矛盾的不断解决和不断深化中，自信地走向充满更加复杂、矛盾、运动的技术社会的未来。世界上每一个国家都在积极地利用先进技术来促进本国经济的发展，都对技术给予了前所未有的关注，发展科技，提高综合国力，已经成为世界所有国家的发展共识。邓小平也提出了"科学技术是第一生产力"的伟大论断。我国通过推动教育信息化的进程，实现教育的跨越式发展。随着我国计算机信息及网络技术的不断进步和日臻成熟，基于计算机网络技术的远程教育也得到迅速发展并不断强大起来。

（四）远程教育与技术哲学

远程教育的产生和发展每一次进步都离不开技术的革新和普及。在经历了函授教育、广播电视教育之后，作为远程教育的从业者必须形成对技术的成熟认识。就像人文主义的技术哲学所批判的那样，技术在给我们的工作、生活、学习带来便利和快捷的同时，也会导致自然与人的异化，网络技术的发展同样可能给人类带来灾难。因此，人们在大力发展远程教育的同时，必须寻求先进的思想引导、科学的规范约束，必须时刻避免犯技术决定论的错误，只有这样才能驾驭技术，发挥技术之所长，使技术造福于教育，造福于人类。

二、建构主义理论

在 20 世纪 80 年代末，随着人们重新解读杜威、皮亚杰和维果茨基等人的教育思想，建构主义学习理论开始兴起并被认为在教育心理学中正在发生着的一场革命。建构主义的学习理论是学习理论中行为主义发展到认知主义以后的进一步发展，即向与客观主义更为对立的另一方向发展。行为主义和认知主义的学习理论都假定外部世界是真实存在的东西,教学的目标就是让学生获得反应,获得外部世界的知识,它们都是客观的。建构主义学习理论则是与客观主义相对立的,它认为意义不是独立于人而存在的,知识不是通过教师传授得到,而是学生在一定的情境即社会文化背景下,借助其他人(包括教师和学习伙伴)的帮助,利用必要的学习资料,通过意义建构的方式而获得。建构主义认为对事物的理解不仅取决于事物本身,事物的感觉刺激即信息本身并没有意义,意义是由人建构起来的。学生在获取信息、建构意义的过程中,同时取决于自己原来的知识经验背景,并且加入了自己的需要、意向、态度、信念和情感等主观的东西。因此,世界是客观存在的,但是对于世界的理解却是由个人自己决定,每个人都以自己的经验为基础来建构客观、现实世界。

此外,建构主义学习理论与情境认知具有十分密切的关系,我们也可以将情境认知作为建构主义学习理论或者是认知主义学习理论的新发展和分支。建构主义和情境认知相信教学有赖于学生及其环境,并且强调这些因素之间的交互作用。情境认知认为包含在背景中的学习一定发生于所在的背景之中。在真实的情境中才有认知,因此教学必须在真实的情境中进行。在情境认知中,意义和身份是同时在互动中建构的,这就将个人认知放到了一个更大的物理和社会的情境脉络中,从而将学习的关注点从环境中的个人转向了人和环境。建构主义理论对远程教育的启示主要有以下四点:

第一,资源建设应力求丰富,知识表征应多样化。

第二,利用网络创设情境,从而提高远程学生学习的动机。

第三,以任务为导向。通过提出真实、具体、明确的任务,实施组织与管理,使远程学生经协作与自主学习,分析问题,解决问题,最终完成任务,并在此过程中获得自身的发展与提高。

第四,提供教学交互的途径,方便远程学生的协作。

三、人本主义理论

人本主义心理学是20世纪50年代在美国兴起的一种心理学学派,其代表人物为马斯洛(Abraham H. Maslow)和罗杰斯(Carl Ransom Rogers)。在人本主义心理学的理论中,行为主义心理学没有恰当地探讨人类的思维能力、情感体验和主宰自己命运等问题。他们还批评精神分析心理学家只关注有情绪障碍的人,而不去研究心理健康的人。人本主义心理学不但主张心理学应研究正常的人,而且更应强调人的高级心理活动。它主张把人作为一个整体来研究,而不是将人的心理肢解为不能整合的几个部分。罗杰斯把学习分为两类,它们分别处于意义连续体的两端:一类学习类似于心理学上的无意义音节的学习,学生要记住这些无意义的音节是很困难的事情,因为它们是没有生气、枯燥无味、无关紧要、很快就会被忘记的东西;另一类是意义学习,即不是指那种仅仅涉及事实积累的学习,而是指个体的行为、态度、个性以及在未来选择行动方式时发生重大变化的学习。这不仅仅是一种增长知识的学习,而且是一种与每个人各个部分都融合在一起的学习。人本主义学习理论有如下几个特点:(1)在教学目标上,强调个性与创造性的发展。(2)在教学内容上,强调学生的直接经验。(3)在教学方法上,主张以学生为中心,放手让学生自我选择、自我发现。

在罗杰斯的观点中,教学要发展学生的个性,充分调动学生学习的内在动机,并要求创造和谐、融洽的教学人际关系,这无疑对克服传统教学重视社会功能、忽视培养个性发展功能、学生学习的主动性不够等弊端,具有一定的启迪作用。人本主义理论对远程教育的启示是:第一,教育目的是培养完善的人,反对功利性的教育目的观。第二,提倡合作学习。第三,教师良好的品质,能有效地利用学生潜意识作用,收到最佳教学效果。因此,远程教育也应该把个性品质作为考核教师的一条重要标准。第四,以学生为主体、教师为主导,提倡意义学习,反对"灌输"。远程学习无论是技术的运用、课程的开发还是教学的组织都必须以学生为本,这样才能更好地促进学生的整体发展。

四、教育传播理论

(一)教育传播过程的模式

远程教育最大的优势就是具有跨越时空的信息传播功能。作为一种新的信息传播形式,对其传播过程、传播效益、传播功能与作用影响最大、最直接的传播理论是香农-韦弗模式、"5W"传播理论等。

1. 香农-韦弗模式

20世纪40年代,数学家香农(Claude E. Shannon)出于对电报通信问题的兴趣,提出了一个关于通信过程的数学模型。此模型最初是单向直线式的,不久他与韦弗(Warren Weaver)合作改进了模型,添加了反馈系统,此模型后来被称为"香农-韦弗模式"。

香农-韦弗传播模式很好地揭示了传播的内部过程。该模式具有如下的特点:第一,信息传播要经过编码和译码过程,即传者将信息转换为适宜于所用信道传输的信号,受者则把信号还原为信息;第二,传播者和受者要有共同的"经验"部分,才能正确理解所传信息,保证信息的有效传播;第三,在信息传播过程中,存在各种干扰(如其他信号、噪声等),应尽量避免和加以限制；第四，信源和信宿之间的反馈通道，使信源能够及时了解信息传到信宿后的反应，从而可以检查信息传播的效果。

2. 拉斯威尔模式

在拉斯威尔（Lasswell）的理论里面，传播行为至少包括谁（Who）、说什么（Say What）、通过什么渠道（In Which Channel）、向谁说（To Whom）、有什么效果（With What Effect）五个要素，因此他提出的传播模式又被称为"5W"模式，根据拉斯威尔模式，传播过程的五大因素分别是：

(1) 传播者——一个人，也可以是一群人。
(2) 传播信息——声音、文字，也可以是图像。
(3) 传播通道——人与人的直接传播，也可借助传播媒体。
(4) 传播接受者——听众、观众、读者。
(5) 传播效果——大还是小、明显还是不明显。

(二) 教育传播过程的阶段

教育传播（包括远程教育传播）通常可以概括为如下六个阶段。

1. 确定教学信息

教学传播过程的第一步是确定所要传递的教学信息。传递什么信息，要依据教学目的和课程的培养目标来确定。一般说来，课程的文字教材是按照教学大纲由专家精心编写的，通常都体现了要传递的教学信息。因此，在这一传播阶段，教师要对每单元的教学内容做仔细分析，将内容分解成若干个知识点，并确定每个知识点要求达到的学习水平。

2. 选择传播媒体

选择传递信息的媒体，实际上就是信息编码的活动。某种信息该用哪一类符号和信号的媒体去呈现和传递，是一个较为复杂的问题，需用一套原理作为指导。如选择媒体要能准确地呈现信息内容；要符合学生的经验和知识水平，容易被接受和理解；容易得到，需要付出的代价不大，能取得较好的传播效果。

3. 媒体传递信息

媒体传递信息要解决两个问题：一是信号要传至多远、多大范围。要根据信号的传递要求，应用好媒体，保证信号的传递质量。二是信息内容的先后传递顺序问题。在应用媒体之前，必须做好信息传递的结构设计，在媒体运作时，有步骤地按照设计方案传递信息。媒体传递信号时应尽量减少各种干扰，确保传递质量。

4. 接收和解释信息

在这一阶段，学生接收信号并将它解释为信息意义，实际上就是信息译码的活动。学生首先通过各种感官接收经由各种媒体传来的信号，然后学生依据自身的经验和知识，将符号解释为信息意义，并随之储存在大脑中。

5. 评价和反馈

学生接收信号、解释信息之后，增加了知识，发展了智力，但是否达到了预定的教学目的，需要进行评价。评价的方式和方法很多，可以观察学生的行为变化，也可以通过课堂提问、课后书面作业以及阶段性的信息反馈。

6. 调整和再传递

通过将获得的反馈信息与预定的教学目的做比较可以发现教学传播过程中的不足，以便调整教学信息、教学媒体和教学顺序，进行再次传递。如提问时发现问题，可即时进行调整；在作业中发现问题，可进行集体补习和个别辅导；在远程教学中发现问题，可以增发辅导资料，或在一定范围内组织面授辅导。

第二节 远程教育的基本模式与常用方法

一、远程教育的基本模式

（一）远程教育的常见模式

远程教育的模式划分方法有好几种，这里主要根据运用的媒体、承担的教育任务、使用的传播通道三种依据来划分。

1. 从运用的媒体角度划分

这是一种最简单的分类模式，也是我们常说的分类模式。从远距离教学媒体的变革来看，到目前为止世界上已有函授教学模式、无线电广播教学模式、电视（广播电视、卫星电视和闭路电视）教学模式和计算机网络教学模式等。

（1）函授教学模式

该模式主要借助印刷媒体教材传送教学信息，是最早的远距离教学形式。学生以自学印刷材料为主，并且定期或不定期地参加函授机构主持的面授与辅导、实验、实践和考试等。

（2）无线电广播教学模式

该模式主要是利用无线电广播媒体传送口头语言教学信息，并辅之以印刷媒体教材的远教形式。这种模式很适合于语言类和音乐类的课程教学。学习者按时收听广播，并且结合印刷教材进行自学。但由于收听时间安排的局限性较大，广播又是稍纵即逝，加上更先进的媒体冲击，所以该模式在今天没有太大的发展。

（3）电视教学模式

该模式主要以电视媒体为传送教学信息的载体。由于众所周知的电视媒体的信息表现特点，所以该模式从产生至今一直经久不衰，是当今世界上最重要的远距离教学形式。在这种教学模式中，除主要运用电视媒体以外，还必须有印刷媒体的文字教材和学习指导资料。学员除了定时收看电视教学节目或通过录像带学习以外，还必须自学印刷媒体教学资料，定期到地方学习中心参加面授，完成规定的教学计划或参加考试等。

（4）计算机网络教学模式

该模式是新近发展起来的最富于前景的远距离教学模式。其运用的媒体就是令世人瞩目的多媒体网络技术。该技术不仅可以融合文字、声音、图像于一体，而且可以消除时空距离，实现自由自在的对话，使师生之间、学员之间的双向交流成为可能，几乎一切教学活动都可以在计算机网络上来完成。网络所至之处就是一个大教室，加入网络者就是学员。教学将变得更富人情味，更富个别化的特点。目前，这种形式的教学已在欧美、日本等一些地方和国家产生，取得了良好的成效。我国也已迈开了迅速发展的步伐，计算机多媒体网络技术的教学形式将是现代远距离教学发展的必然方式。

2. 根据承担的不同教育任务划分

（1）开放大学模式

目前这种类型在全世界最为普遍。最出名的要数英国开放大学。在法国、荷兰、瑞士、美国、加拿大、以色列等一些发达国家以及一些发展中国家都先后建有开放大学。

（2）函授与广播并用学校模式

世界上大多数国家的远程教育多在比大学低的教育程度上进行。澳大利亚在20世纪40年代末50年代初就用这种形式来教偏远地区的中小学校学生以及住在距学校远的村里的学生。他们的主要媒介是广播和函授。

（3）个别独立研究模式

此类型的远程教育并不多见。它的教学的基本论点是：高等教育不一定要全部在大学校园内进行，许多最有用的学习经验可以在别的地方得到，有的完全与学校无关。纽约的帝国大学便是建立在此信念上的,该校没有教室,没有讲课,也没有学期。学生先会见指导教授,核查学生过去的学历和经验,然后看需要加读些什么科目,增加些什么经验,才能达到学位要求。学生会被介绍到一所大学选几个课程、指导阅读、取得相关的经验、访问或旅行等。学生完成学位要求后可以回到学校参加考试。

(4) 补充课堂教学模式

这种类型的远程教育是指充分利用外面的信息资源协助课堂教室里的教学,这是比较常见的模式。例如,马里兰州华盛顿郡因为专科教师不足便利用有线电视,让郡里最好的专门科目教师通过媒介来辅助郡内的教学。

(5) 训练师资模式

新课程的增设、新教学标准的需求、学生人数的增加,都要求训练更多的师资,或者重新训练现有的师资。而现实是大多数学校很难把教师送回师范学校或教育学院重新训练。因此,不少国家便通过广播或电视利用课余时间来训练教师,同时辅以函授。这样,既提高了教师的讲课能力,教师又可以得到较高的学历或晋级,同时不影响教学。

(6) 补习课程模式

成人进修越来越重要,也越来越受欢迎。今天在许多行业里服务的人们,若要赶上时代,应该不断进修每工作10年至少应增加一年的大学教育。这种补习课程型的远程教育正是为成人进修所需求的学科提供了机会和便利。

(7) 推广基础教育模式

普及基础教育是提高国民素质的一个极其重要的前提,世界各国都投入数量巨大的人力和物力资源,而这对一些欠发达的国家来说,是个难题。因此,很多发展中国家纷纷设立广播学校以推广基础教育。其中最大的广播学校,要算巴西的"基础教育运动"。

(8) 广播讨论会模式

一般通过团体的形式来发展,主要传递经济与社会发展需要的知识和技能,以帮助国家的建设。目前,世界上很多国家采用过这种形式。比较著名的有加拿大为了推广新式农作而创造出的广播座谈方法。20世纪50年代末由联合国文教组织资助,印度国家广播电台及农业服务局联合执行"普纳计划"。

3. 根据使用的传播通道划分

(1) 阅读型远程教育

阅读型远程教育是以印刷媒体为主要信息源的远程教育模式。这种模式以函授形式为主,适当以录音、录像为辅助手段,以解决学习中的重难点问题。

(2) 听觉型远程教育

听觉型远程教育是以无线电广播为主要信息源的远程教育模式。日本的远程教育是从广播教育发展起来的。我国则有中央农业广播学校以及地方电台举办的外语广播教学班等。

(3) 视听型远程教育

视听型远程教育以广播电视、卫星电视为主要信息通道的远程教育模式。如英国的开放大学，我国的电视大学和各级各类教育电视台。目前，卫星电视教育是我国的主要远程教育类型，以后还将在远程教育实践中扮演重要的角色。

(4) 计算机网络型远程教育

这种类型是以多媒体计算机和网络通信技术为核心支持技术的远程教育，也即现代远程教育，是远程教育的未来发展趋向。它营造了一种"赛伯空间"，把整个世界网络成一个"地球村"，在某种意义上使远程教育中的"远距离"成为"零距离"，拥有无限广博的多媒化的教育资源，使教育真正走向国际化、民主化和个性化，教育和学习活动实现实时性、交互性的交流。

(二) 现代远程教育的模式

现代远程教育，即基于计算机网络的教学模式可以完全按照个人的需要进行，包括对教学内容、教学方式、学习地点甚至指导教师的选择。多媒体技术能为学习者提供图文音像并茂、丰富多彩的交互式人机界面，提供符合人类联想思维与联想记忆特点的、按超文本结构组织的大规模知识库与信息库，营造学习的气氛与情景，因此有助于激发学习者的学习兴趣，并为其实现探索式、发现式学习创造有利条件。在这种教学模式下，为学习者主动建构知识的意义、实现自己获取知识自我更新甚至创造新知识提供较理想的条件。现代远程教育模式概括起来有五种：

1. 讲授型模式

在我们传统的教学过程中，最经典的教学模式是以教师为主，教师讲、学生听，它是一种单向沟通的教学模式。在因特网上实现这种远程教学方式的最大优点在于它突破了传统课堂中人数及地点的限制，在网络上实现讲授时其学习人数可以无限多，而且世界各地的学生都可以参与学习，不必集中于同一地点。其最大缺点是缺乏在课堂上面对教师的那种氛围，学习情景的真实性不强。为了帮助学生理解，远程教学中应考虑设置相应的讲授内容。虽然学生不可能从一次讲授中就将学习的内容完全的消化，也不可能一听完课就在某一方面有显著的进步，但讲授可以展示各种重要的技能，使学生产生热情和乐趣，为学生提供一种"从属于"某一课程的归属感，这对情感领域的学习是很有帮助的。因此，在远程教学中讲授内容的设置是很有必要的。讲授型模式又可以分为同步式讲授和异步式讲授两种方式。

2. 个别辅导模式

这种远程教学模式可通过基于互联网的 CAI 软件以及教师与单个学生之间的密切通信来实现。具体来说有两种方式：第一种就是下载 CAI 课件到本地进行学习；第二种就是联机网上学习。

3. 探索学习模式

现代远程教育的探索学习模式在互联网上涵盖的范围很广，从简单的电子邮件、邮件列表，到大型复杂的学习系统。该模式一般是由某个教育机构设立一些适合有特定的对象来解决的问题，通过互联网向学生发布，要求学生解答。与此同时提供大量的与问题相关的信息资源供学生在解决问题过程中查阅。另外还有专家负责对学生学习过程中的疑难问题提供帮助，帮助的形式是给以适当的启发或提示。这种学习模式彻底改变了传统教学过程中学生被动接受的状态，使学生处于积极主动的地位，因此能有效地激发学生的学习兴趣和创造性。探索学习模式中有四个基本要素：问题、资料、提示和反馈。将这些要素进行恰当的组织和衔接，便能在简单的技术背景下，达到良好的教学效果。

4. 协作学习模式

协作学习模式是指利用计算机网络及多媒体技术，多个学习者针对同一学习内容彼此交互和合作，以达到对教学内容比较深刻的理解和掌握。在现代远程教育的协作学习过程中，基本的协作模式有四种：（1）竞争，（2）协同，（3）伙伴式学习，（4）角色扮演。

二、远程教育的常用方法

（一）在教学改革实施中强化教学团队的作用

要开设远程开放教育教学，必须通过团队配合才能完成，认识到教学中存在的问题，并且不断地研究探讨来解决问题，从而有效实现教学改革，促进教师队伍向专业化方向发展。在教学实践之中，需要组建不同的教学团队，以配合不同的教改任务。为了实现优质课程团队的建设，需要经过"人力资源概论"以及"工商模拟"完善教学改革团队实践，提升师资队伍的教学能力及研究能力，形成科学的团队文化，因此需要在建设教学团队时，关注团队运作制度和团队运作的政策、机制支持两个方面。

1. 团队运作制度

在团队展开工作的时候，需要明确自身目标，将任务进行科学合理的分解，落实到每个人身上，为了有效降低成本，需要合理的实现目标的手段和途径。落实工作目标，进行全方位的监控和纠偏，保证团队运作任务有效完成。并且要不断优化团队结构，保证结构的稳定性。但是团队结构无法实现完全稳定，需要根据团队工作任务的改变，进行局部优化调整，提高成员工作的默契度。同时，为了发挥团队内部成员的优势，也要对团队成员的能力进行分析，形成互补，在构建政治组织形式的时候，需要融入部分非正式组织的特征，达到完善团队的目的，有利于团队有效运行。此外，一个团队要想长远生存发展，需要将团队文化作为基础，不论是短期还是长期的团队合作运营，都需要创建出合理的主流文化，作为团队发展的必要条件需要受到成员的重视。团队成员在合作的时候，需要树立共同的发展目标，并且价值取向一致，有利于创建良好的团队运作氛围。

2. 团队运作的政策与机制支持

团队工作的展开主要依托学校这个大环境，因此学校要积极引导团队工作方式向科学化方向发展，提供有效的政策支持和机制保障，公正客观地对团队工作成效进行评价。一个组织要想实现长期健康的发展首先就需要有制度保障，但是文化在一个团队内具有更加重要的作用，因此需要有共同的价值取向支撑，拥有积极向上的工作态度，提高团队的工作热情，有效提高了工作的质量和效率，降低成本。

(二) 重视学习过程的实践教学

首先，培养学生的创新能力，最重要的环节就是实践教学。教师可以从提高理论性课程教学的效率出发，来培养学生的实践能力，还可以通过加强实践能力来加深学生对理论性课程的理解和掌握，提高技术的有效支持。同时教师需要将课程的理论框架充分掌握，利用相关技术工具和描述分析手段来提高理论性课程的教学有效性。在理论性教学中，学生是一切教学的中心，需要在学习过程当中，将实践教学合理贯彻。教师在教学改革之中不断完善实践教学体系，为了提高实践教学的质量水平，首先要构建合理的教学内容体系；其次要加强实践性教学环节的设计。为了实现教学模式的创新，需要构建科学的课程实验和网络综合实训，配合校外实习才能促进教育教学方法的创新。现代社会不断进步，企业不断创新，为了提升学子们的就业率，促使高校的实践教学不能仅停留在案例教学和课程实验上，必须与实际业务部门合作，以此来提高学生解决问题的能力。从教师的课程教学内容看，需要将各自的专业作为基础，构建科学的实践教学体系，将实验内容和项目设计出来。目前大多数高校课程的操作性比较强，需要有较高的实践技术支撑，因此各专业教师需要针对学生的特性来帮助他们，设置相应的课程体系，以提高学的动手和创新能力。

其次，教师队伍的建设仍需加强。高校教学质量水平是由师资队伍的水平决定的，因此学校需要建设高水平的师资队伍。在开展实践教学的时候，教师在面对专业性较强的学科时，需要具备丰富的理论知识和实践经验，但是现在大多数高校教师都是研究生刚毕业，不具有丰富的实践经验，所以学校应该加强教师的业务培训，不断创造有利条件让实践课教师在实际工作部门中学习，提高自身的实践教学水平。此外学校还要适当地结合课程实践的实际内容情况，在考核教师教学工作量上通过适当增加课时薪酬来提高教师的教学热情。

最后，实践教学的展开不仅需要学校制度的支持，也需要政策等方面的推动。在高校内部，实践教学的作用较大，必须重视实践教学的发展，只有通过相关政策的出台，鼓励教师的考核制度，在财力方面大力支持，才能够促进实践教学更好实施。

(三) 开展网络课堂一体化小班教学

随着社会的不断发展，社会大众对于教育的重视程度正逐渐增加，但是在远程教育教学方法的改革与创新之中，部分专业的学习人数却越来越少，并且工学矛盾不断激化，导致学生对课程教学的兴趣降低，出勤率下降的问题开始出现，在一些专业之中，出现了小班化教学这种模式。小班化教学的展开有利有弊，它的主要优势是教师和学生能够自由支配时间，教学的时候教师与学生的互动有效增加，提高了交互密度，效果显著提升。它的缺点是如何让小班化教学扬长避短成为教师的一大难题。为了解决这个难题，需要在课堂上不断调动学生学习积极性，只有在部分学生上看到了成效，才能提高大多数学生的参与度。在不断研究之后，发现远程教育具有远程性和开放性两种特征。

教师在试行教学方法改革和创新过程之中，需要在小班化教学中将网络与教学充分结合在一起，重新改造专业教学方式：首先，要增加平时成绩在期末考试成绩中的比重，重新制定考试方案；其次，将网上教学的课时数量增加，减少课堂面对面教授课程的课时数量；再次，增加学生在网络上的自学时间，每一周学生都要利用网络展开网上课堂学习，并且学习的时间不能低于4课时；最后，需要对网上资源建设不断完善，重视文字资源建设，还要注重视频资源在网上课堂学习中的建设，视频资源在网上课堂教学中的利用不能够低于1/3。

为了实现教学的目标，教师需要将网上教学和面对面教学有机地结合一起，但是由于二者之间存在有较大的差异，不管是从教学实现的方式，还是教学手段上都有一定的区别。教师实施网上教学最大的优势在于，利用网络可以打破教学在时间和空间上的限制，能够开展个性化学习，以促进学生个性化发展。因此，在小班化教学中，将网络教学作为教学的主要方式，面对面的课堂教学作为教学的辅导，利用网络教学引导课堂教学的思路，从而有效实现小班化教学的一体化尝试。

1. 网上教学和网下教学一体化

网下教学是教师开展教学的基础，但是网上教学是网下教学的延伸，有效地补充了网下教学存在的不足，扩展知识范围，帮助学生利用网络更加全面地对知识进行掌握，二者是一个有机整体。例如，教师在开展教学的时候，一般会先开展网下的面对面课堂教学，着重对基本知识点和重难点进行分析讲解，而后再进行网上实时教学，通过相关的案例来展开讨论和讲解，加快学生对知识点的理解。

2. 网上自学与网下自学一体化

教师可以在教学时，充分利用"3L"教学模式展开教学，而在"3L"教学之中最为重要的是"自学"，虽然"导学"和"助学"同样重要，但是"自学"作为中心更应受到教师的重视。引导学生将网下自学和网上自学充分结合在一起，有效促进远程教育教学方法的创新改革实现。

3. 网上考核和网下考核一体化

多数教师都将考核放在课堂上进行，认为网下考核方式更能检验学生的真实性，但是在远程教育教学方法的不断改革与创新时期，教师也应该尝试将网上和网下考核结合在一起。很多专业都十分重视案例分析，甚至在出试卷的时候，都将最后一道大题留给学生进行案例分析，所以教师可以尝试通过网络，模拟出一个平台，让学生在这个平台之中进行案例的分析，教师可以根据学生在平台内的表现形成考核的成绩。

这三种一体化相互交融，导致教师在利用网络课堂一体化的时候要全部使用。传统的高校教师的教学方式是以课堂教学为主，如今以网上教学为主，这不仅仅是教学方式的改变，因此要想进行远程教育教学方法的改革与创新，就要不断探索新的教学模式，小班化教学模式作为一种新型的教学模式受到教师的喜爱，在实践基础上重新定位教学活动的形式和内容，通过不断审视达到完善教学方法的目的。而利用网络课堂一体化这种设计来促进远程教育小班化教学的转变，是现代教师所需要不断探索的问题，在探索中实践，不断完善远程教育教学的方法。

第三节　远程学习的特征与对策探索

一、远程学习的特征

(一) 开放性

信息技术，尤其是网络使整个地球成为一个"村落"，远程学习因此在整体上呈现开放性特征。作为参与远程学习的学生，可以根据自己的意愿，随时与世界各地任何联网的人联络，自由访问承载着各种信息的电子公告牌、新闻组和论坛。网络广泛的覆盖范围和实时的交互能力，使远程学生可以完全不受时间、地域和资格等限制，自由、自主地开展学习。远程学习的开放性可以归纳为三个方面。

1. 时间的开放性

在时间上，远程学习呈现极强的开放性。远程学习不再受传统教学固定时间授课的限制，可以根据学生自己的实际情况，灵活选择、分配学习时间。

2. 空间的开放性

远程学习不仅可以跨越时间，而且可以跨越空间，在学习空间上呈现出开放性。远程学生可以在任何具备条件的地方，按照自己的学习计划展开学习过程。即便身处偏远地区，他们也可以选读北京、上海、广州等地的名牌大学，浏览其丰富的网上资源。同理，网络学习空间的开放性还使学生可以足不出户就"享受"国外的优质教育资源。随着越来越多的大学将其优秀的课程与资源在网络中公开，人们从网络学习中必将获得更多收益。

3. 主体的开放性

我们完全可以把"远程学习"看成是人类教育与学习史上一种历史性的进步。从历史上看，知识与教育最早是掌握在贵族与僧侣手里的，为少数人所垄断。到了工业时代，随着公立学校的出现，这种垄断逐渐被打破，教育开始得到普及，逐渐面向社会各个阶层。而到了网络时代，我们真正地实现了全民教育与终身学习。任何人，不管身处何方、年龄几何、知识多少，只要有学习的需要与愿望，就可以进入网络这所有史以来最大的没有围墙的"学校"学习。

(二) 虚拟性

网络的出现为学生营造了一个和现实相对立的虚拟空间，这让远程学习不可避免地具有虚拟性。迅速崛起的虚拟现实技术从根本上改变了人们对传统学习环境的认识，取而代之的是虚拟学校、虚拟教室、虚拟班级、虚拟同学、虚拟图书馆、虚拟实验、虚拟研讨、虚拟教学、虚拟辅导等，在网络空间中，甚至连自我都是虚拟的。

二、远程学习的对策

(一) 增强学生的自主学习能力

远程教育机构应该为学生提供职业指导服务，帮助学生了解自己的特点，选择适合自己兴趣和能力的专业和课程，提供职业信息，帮助他们选择合适的就业机会或职业岗位，推荐有关学生给合适的企业。对缺乏学习技能的学生应给予一定的方法培训与培养，从而让他们主动地加强自主学习能力的培养。其实，自主学习能力的培养也就是加强自学能力和自我管理调控能力。首先让学习者培养起良好的学习习惯，再者要经常性地树立近期的学习目标，长远的目标在具体实现过程中很容易被淡忘，明确近期的目标会时刻提醒自己现在要做的事情，不断的激发学习动力，不让自己松懈。在自我管理和调控方面，学习者应根据自己的水平和条件决定其学习目标和方案，制定相应具体的学习计划并强制自己在每个学习阶段能按时完成学习任务；在学习过程中也要善于自我调节，在学习过程中肯定有很多难以解决的麻烦，这时千万不要气馁、轻易放弃，要善于安慰自己，调整自己心态。学生的自主学习能力是逐步训练形成，因此需要慢慢培养。

(二) 提倡合作学习，激发学习者的学习兴趣

合作学习是远程学习中经常采用的一种学习形式，小组成员可以在一起讨论学习上的问题，交换学习信息和资料，交流学习经验，互相鼓励，增加学习信心，激发学习动力。学生在自主学习过程中，要经常性的主动与教师同学联系，提出自己所遇到的不能解决的问题或好的意见给大家思考或参考，可以通过 BBS 讨论板与教师、同学讨论学习中遇到的疑难问题，通过电子邮箱与教师、同学联系，寻求辅导和帮助。这样学习者就感觉到教师和同学都在自己身边，既可消除个别化学习带来的孤独感，又可达到互帮互助，共同提高的目的。同时还可以让学习发现他们的闪光点，能够更好地建立起学习的自信心，

从而激发学习者的学习兴趣和学习积极性。

（三）重视教师的主导作用和监管作用

尽管个人自主学习是远程学习的主要方式，但实践证明，教师和学生在学习过程中的互动作用直接影响了学习者的学习动力。在远程学习中，教师应主动找学生交流思想，让学生谈谈自己的学习体验，并及时对学生的疑难问题给予帮助指导。了解学生学习的时间、进度和知识难度，提出学习的主题和任务，刺激学生的认知需求。创设一定的学习情境，开发和提供学习资源，引导学生主动探索，把学生当作学习的合作者，与学生建立友好的关系。赢得学生的信任，让学生有信心和兴趣搞好学习。同时，教师的监管作用也不能忽视，适度的监管对解决远程学习中的一些障碍问题会有很大的帮助。对学生的学习活动进行定期的检查、评价、测试、控制和调节，对网络学习中投入时间和精力较少的学生进行督促和管理。采取一定的奖惩措施，促使他们按时完成学习任务。

（四）提供各种有效的支持服务

所谓学习支持服务是指，教育机构和教师在学生学习的全过程中要以学生学习为中心，给学生提供支持与帮助。它包括有利于学习的客观条件和主观条件学习者：发现问题、解决问题的习惯。收集、整理信息的能力。培养良好学习习惯方面的学习策略包括：（1）自我定向；（2）自立学习档案；（3）自我评估；（4）自我鼓励；（5）把握课程设计；（6）把握单元设计；（7）针对性使用注意力；（8）变换大脑工作状态。

第四节 远程教育资源与质量管理

一、远程教育的资源管理

（一）远程教育资源库的常规管理

1. 文件目录管理

这种方式根据教育资源不同分类方法，将其存储在服务器上不同的目录中，通过计算机的操作系统目录共享功能对资源进行管理和操作。这种存储方式的特点是资源管理直观、简单。远程访问时速度快，可通过网上邻居、http或 ftp 方式直接将该资源文件下载到本地。但随之而来的是资源安全性差，易受病毒侵蚀，易被他人盗用和破坏。这是最简单、最原始的资源管理方式，当资源积累到一定规模时，由于缺少便捷的检索工具，使用和管理都很不方便。目前很多学校自发组织资源共享基本上都是采用这种存储方式。

2. 专题资源网站管理

除了最简单的文件管理之外，还有一些更有针对性的资源建设方式，如主题学习资源库，它与国外的探究式学习网站比较类似，针对某一主题，如太空知识、克隆人等，提供各种探究活动学习资源和讨论组，为现在的研究性学习提供丰富的资源和空间。另外还有虚拟社区资源库，它以讨论组的方式将本站中的资源划分成不同版块，用户在获取资源时也可以将自己的资源贡献出来，每个版块的负责人会定期整理本版中的发言，将零散、无序的内容条理化和系统化，并作为精华资源推荐给用户。

3. 静态学科资源网站管理

按学科分类，将各学科的教育资源通过网页的方式连接在一起，并由此而形成学科群资源网站。网站资源框架内容设计针对学科特点形式多样，结合该地区的教学研究，充分体现不同学科教与学的需求。各网站内容除了题库、教案库和课件素材库外，还根据不同学科的特点设计多种特色栏目和热点专题，如语文的作品欣赏、读写天地；地理的地图大全、地理大百科、旅游专题；生物的环保专题、克隆技术等热点内容；历史的历史名人、历史名城、历史遗产等等。学科网站针对基础教育的特点以学科分类，一方面能调动学科教研员的积极性，尽快组织学科骨干参与建设，另一方面由于学科教育所积累的资源较丰富，可便于短期内建设起网站的框架，并不断充实资源，同时更能直接体现教与学的主题。

4. 教育资源管理数据库的管理

教育资源管理数据库一般将资源文件以二进制数据形式存储在关系型数据库中，对教育资源的管理都是基于对数据库的操作。所有的资源都以结构化的方式存储，数据间的关联性强，并通过数据表产生关系映射。教育资源管理系统是对存储于资源库介质中的教育资源进行管理、维护和更新的软件系统，主要包括三个子系统：资源管理子系统（媒体素材库的管理、题库管理、试卷库管理、案例库管理、课件库管理、文献库管理、常见问题解答库管理、资源目录索引库管理和网络课程的管理等），系统管理子系统（安全管理、网络性能管理、计费管理、故障管理等），资源建设与使用交流子系统（资源更新、邮件列表订阅、资源定制、异步交流、同步交流）。这三个子系统为三类用户

（管理员、审核员、一般用户）提供资源检索、资源发布、资源审核、权限管理、计费、用户信息交流等多个方面的服务。这种存储方式的特点是资源管理效率高，定位准确，容易备份，能保证资源信息的完整性。由于资源数据都存储在数据库中，安全性好，抗病毒能力强，并且对用户来讲，资源文件的存储方式是透明的，很难被盗用或直接访问。然而，由于要把所有关于资源文件的信息都存储在数据库中，必然对数据库性能要求较高，必须保证大数据量资源的读取和存储不会产生错误，同时也不会延长访问时间，服务器端的应用程序必须先将资源从数据库中读取出来，再传送到客户端，这也加大了对网络带宽的要求。教育资源数据库对管理大数据量是非常有效的，但它采用关系数据库的方式存储和组织，无法达到存储和应用的统一，对一线教师来说仍然不够直观、查找和操作相对复杂，各学科的资源混杂在一起，干扰信息太多，对一线教师教学应用支持不直接，功能不强，界面不友好。而且，资源库相对封闭，添加和更新数据工作量大，不能够进行数据的自动更新处理，管理和维护复杂、成本高，是一般学校难以承担的。

5. 分布式教育资源网管理

分布式资源网并不局限于一个网站中，它可以由多个不同级别的站点组合而成，形成一个以地域范围为单位的教育资源网。资源网和资源中心的类似之处在于两者都是由多个资源站点所构成，但前者所包括的各个站点并没有主次之分，它们之间是对等的关系。

这是一种有效整合区域资源的方式，各子区域和学校中的资源可以保持原始的分布式存储状态，而重点在于建立大型编目系统，该系统包含了所有资源的索引信息，但并没有实际的物理存储，用户在大型编目系统中检索到资源后，通过代理服务将其他站点的资源传送给用户。整个资源网络的结构对用户来说是透明的，他们在编目系统中能访问到网络中的所有资源目录索引，而不需要关注资源实际的物理位置，任何涉及远端访问的操作，当地站点会自动启动资源代理为用户服务。分布式资源库系统的核心思路为：

第一，资源分布存储：教育资源网是由多个资源站点组成，资源网内每一个提供资源信息服务的站点都是资源网中的一个节点，存储实际的物理资源，资源节点之间可以进行资源互访和共享，资源的描述信息定期向目录中心提交。

第二，资源网目录集中：为用户提供一个覆盖本地区所有教育资源站点的最新资源目录，实现本地区不同教育资源站点的系统互访和资源共享。通过资源中心维护一个资源目录系统来实现对本区域内不同资源站点资源目录的同步更新管理，并提供一个强大的检索系统，通过对本目录库进行检索，就可以实现对不同资源站点上资源信息的快速查询，达到共享资源的目的。当用户需要打开某个资源时，目录系统提供重新定向的功能。

第三，异构数据互换：目前很多厂家都有自己的资源库管理系统，其中收集整理了不少有价值的教育教学资源。但不同的资源库采用不同的系统管理，将使用户无所适从，通过异构资源互换功能，可以将以前开发的资源库管理平台中的数据快速导入教育资源网系统中，实现资源的快速征集，另外导入本系统中的资源可以通过系统强大检索功能供更多的用户使用。

第四，高速资源缓存：从学校所在的区、市等上一级资源站点通过初始化设置，缓存一部分资源到本地，以后根据资源访问概率对缓存的资源数据进行不同层次的优化调整，在本地保存访问率高的资源数据。

第五，资源的动态采集：动态跟踪、自动采集网络上丰富的教育资源，因特网教育资源搜索代理实现对网络上广泛存在的教育资源的自动发现与采集整理。分布式资源网可以有效整合大范围内教育资源信息，使得教育资源可以得到最大范围内的共享，又可以避免大量资源集中存储容易引起的拥塞等问题。

（二）远程教育的设施设备与环境管理

远程教育办学机构的设施设备与环境包括办公室、会议室、录播室等，办公用品包括办公桌椅、文具、电话、传真、扫描仪、打印机等，各类计算机和网络设备包括卫星通信设备、服务器、交换机、防火墙、网络接入设备、网络传输设备、工作用计算机和摄录编设备等。远程教育的设施设备与环境管理涉及以下多个方面。

1. 建立设备管理系统，统筹规划

（1）设备入库系统。包括设备名称、设备型号、入库时间、供应商、供应商电话、计量单位、入库数量、价格、采购员和验收人等。

（2）设备出库系统。包括设备名称、设备型号、使用部门、出库时间、计量单位、出库数量、用途、领取人和经办人等。

（3）设备还库系统。包括设备名称、设备型号、计量单位、归还数量、归还时间、归还部门、归还人和验收人等。

（4）设备需求系统。包括需求部门、设备型号、计量单位、需求数量和需求时间等。

（5）设备采购系统。包括设备名称、设备型号、计量单位、现有库存、采购数量、价格、采购时间、供应商和采购员等。

2. 做好设备维护与保养

随着使用年限的增加，远程教育院校（或机构）的设备故障率会越来越高，因而要求仪器设备的管理人员必须定期对仪器设备进行维护和保养，使设备保持完好状态，以保证教学和科研工作顺利进行。设备管理人员必须掌握仪器设备的正确使用方法，还要掌握设备的基本原理和结构，才能做好仪器设备的保养工作及常见问题的处理工作。

点检维修制是目前通用的一种设备管理方法。该方法是为了准确地掌握设备的技术状态和劣化过程，保持设备的完好性，而对设备的一些关键部位，通过人的感官（目视、听声、手摸等）和检测工具，按照标准要求所进行的操作规范化、管理制度化和维护标准化的总称。随着点检维修活动的深入开展，形成以操作人员为基本队伍，以点检维修活动为主要内容，集设备运行、维修管理于一体的点检维修制，可以明显减少设备事故率，减缓设备劣化，延长设备使用寿命，减少修理时间及停机损失费用，大大提高设备的利用率。

3. 制定实验设备档案

搞好设备的维修、保养、使用等管理工作，必将产生大量的设备档案，利用库存的设备档案是设备管理和维修的重要依据。技术部门在有条件的情况下，可设一名档案管理员，建立从申购到开发使用的全过程产生的档案材料。其过程包括材料的形成、归档、保管和利用，且渗透到设备管理的各个环节。例如，设备购置申请报告、批准文件是购买的依据；安装图纸、说明书是设备安装的指南；安装、调式记录及验收报告是设备正常使用必须达到的技术参数；操作规程、使用管理办法是设备正确使用所必须遵守的规则。为此，在设备管理过程中应注重仪器设备购置、安装、调式、验收等各个环节，并要主动和经办人取得联系，互相协作，广收精选，防止设备的随机技术材料等原始文件分散于操作人员手中或被私人占有，甚至随操作人员调动而散失。同时，设备档案大多数不是永久性材料，一旦仪器到期或不能使用了，就应作报废处理，并及时更新设备档案。

4. 完善设备管理组织和管理制度

根据设备管理现代化的要求，不断调整和改革设备管理与维修组织机构，健全规章制度，是远程教育院校（或机构）在设施、设备管理方面的重要工作之一。建立与设备综合管理思想相适应的全员设备管理组织机构，强化专群结合的班组设备管理；健全设备前期管理、状态维修、改造更新和奖惩制度，以适应现代化设备管理的需要。采用先进的设备管理方法，推广应用设备诊断技术，从状态维修向预知维修发展，应用分类法提高备件管理水平，应用网络技术组织关键设备大修工作，达到缩短修理工期和减少维修费用及资源优化的目的，以提高设备寿命周期各个环节的经济性。

二、远程教育的质量管理

(一)远程教育教学质量

1. 远程教育教学质量的内涵

远程教育教学质量主要是对学习者的教学情况的评价,远程教学质量受到很多因素的影响,主要包括教师资源、教学资源、教学设备、学生的学习能力、教学质量管理等五个方面。远程教育主要是利用现代信息技术开展网络学习,一般是以网络作为学习平台,主要是应用现代多媒体技术、数据库技术、网络技术来进行学习,学习内容为教学信息资源。

2. 远程教育教学质量的现状

现代远程教育是当今社会教育发展的重要趋势,也是实现终身教育的重要手段,如何提高远程教育教学质量一直是现代教育研究者共同关注的问题,关于远程教育质量评价,其中起主要作用的是社会、学习者以及未来的用户,对我国远程教育质量现状进行分析,通过问卷调查,了解远程教育教学中的不足之处。

(1)教学资源

远程教育教学质量的影响因素之一就是教学资源。教师教学质量与远程教育发展水平不协调,网络作为新兴的教学平台,具有较大的自主性和开放性,而目前从事远程教育的教师很大一部分来自传统面授教育系统,这会导致教师的网络教学经验不足,不能够很好地使用远程网络教育,也不具备远程教育的专业知识与技能,在教学准备上,教学内容不能够满足学生的需求,无法对学生的心理进行评估,导致教学质量难以提升。很多远程教育的教师中文科、理科教师数量基本持平,专业方向会对远程教学的方法和质量有一定的影响。

(2)学生的学习能力

对目前我国远程教育对象的学习能力进行研究,远程教育的教学对象质量良莠不齐,学生的教育背景、网络技能等各不相同。习惯于接受面授教育的学习者在面对远程教育时,经常出现无所适从的情况,如何自主学习成为学生必须认真思考的问题。另外,现代远程教育对学生的计算机技能有一定的要求,要求学生能够应用基本的学习软件,包括绘图软件、数据库软件等,而事实上,学生先前在接受面授教育过程中,计算机教育一直是可有可无的教学内容,很多学习者一般都是在接受远程教育过程中,逐渐摸索而掌握学习技能的,这会影响学生的学习效果,影响远程教育质量。

(3)远程教育教学设备建设

在现代远程教育教学中,教学设备质量高低会影响教学效率。诸如上网费用较贵，远程教学信息传输质量不稳定，学生接受的信息极易出现残缺，导致双方交流的信息不对等，严重影响教学质量。特别是现在网络上很多的教学资源都要付费观看，并且费用较高，观看时间还比较短，远程教育工作者应针对这种情况，购买优质的教学资源，能够让学生自主登录学习，提高学习质量。

（二）构建远程教育质量管理体系

现代远程教育教学质量管理包括课程设计质量管理、教学过程质量管理、教学主体质量管理以及考核质量管理。其中教学过程管理是有效提高远程教育的教学质量的必要手段。

1. 课程设计质量管理

教师在进行远程教学时，首先要做好课前准备，进行课程规划。教师进行网络课程教学，应该对必须掌握的知识进行科学规划，适当穿插选修课的内容，合理设计课程内容。设计课程内容，要对课程内容质量进行管理。

2. 教学过程质量管理

教师在进行远程教育时，应该主动对教学过程质量进行管理，认识到教学过程的质量对远程教学整体质量的影响。教师能够在教学过程中实行交互式管理，要及时解决学生的学习问题，教师要对师生之间的交互质量、学生之间的交互质量进行管理，加强学生与教师之间的信息传递，运用各种软件进行信息交流，让教师能够对学生的学习质量进行了解。

3. 教学主体质量管理

这里的教学主体是指教师，对教师的质量进行管理是要提高教师的专业素质，使其能够更好地进行教学。对教师的信息技能、专业技能、心理教学技能等进行培训，提高教师的专业素质，同时还要加强对教师的考核，激励教师不断学习，不断提高。

我国远程教育兴起的时间不长，它的兴起为我国现代教育带来了一系列的机遇和挑战，并在发展过程中逐渐走向规范化、专业化。构建程教育教学质量管理体系不仅要关注教学内容质量，还要加强教学过程质量管理，在资金和技术的支持下，提高远程教育教学的质量。

第六章 终身教育学探索

终身教育学在人文社会科学大系统中属于教育领域的范畴，是以教育的"终身"现象作为自己的研究对象。终身教育学是一门研究终身教育现象，揭示终身教育规律，促进终身教育工作科学化，促进人的终身而全面发展的学科。本章主要论述了终身教育的提出、终身教育的基本流派、终身教育的外在表现形态、终身教育未来发展展望等内容。

第一节 终身教育的提出

自从地球上出现了人类，终身教育就存在了。这只是广义上的终身教育存在，而没有从有意识有目的问题上探讨终身教育的存在。从理论上来说，有人认为，终身教育经历了启蒙阶段、舆论准备阶段和出台实施阶段。

启蒙阶段表现的主要观点：一是从终身教育源头来说，终身教育思想可谓源远流长，终身教育思想与终身学习思想也是密不可分的。如在我国就流传着"活到老，学到老"的古语，西方则盛行"Never too old to learn"的说法。虽然这些古老谚语并不是真正意义上的"终身教育"思想，但我们从其中可以感受到早期"终身教育"思想的萌芽。孔子曾说"发愤忘食，乐以忘忧，不知老之将至"。孔子这种"学而不厌"的思想是我国主张终身教育的萌芽。他提出："吾十有五而志于学，三十而立，四十而不惑，五十而知天命，六十而耳顺，七十从心所欲不逾矩。"这表明：孔子的一生，就是实现终身学习的一生，也是实现其生命意义的一生。思想家庄周也说：吾生有涯，而知也无涯。这些都是终身教育与终身学习的源头。

在西方，古希腊的荷马、梭伦、苏格拉底、柏拉图、亚里士多德等学者的教育思想是古代西方"终身教育"思想的萌芽。早在1666年夸美纽斯（Komensky）所写的《泛教论》中就有提到关于"终身教育"的设想，到

第六章　终身教育学探索

1666 年，晚年的夸美纽斯在其总结性著作《人类改进通论》的第四卷《泛教论》中进一步发展了《大教学论》中的"周全的教育"思想，"并在历史上第一次具体阐述了'终身教育'设想"。① 夸美纽斯在《人类改进通论》中还写道："对整个人类来说，整个世界就是学校，从宇宙的开始到终结都是学校；同样，对每个人来说，他的生活，从摇篮到坟墓都是学校。"② 这些都体现了终身教育思想设想。人们认为，他是世界上最早明确地具体地提出终身教育思想的人。这也是历史上第一次对终身教育思想的具体阐述。③ 这些既矛盾又统一的思考，给了我们启蒙。

舆论准备阶段主要提到的是，"终身教育"术语始见于 1919 年英国教育文献，散见于 20 世纪 20 年代后，广见于第二次世界大战其他西欧国家教育文献，世界性思潮始成于 20 世纪 60 年代初。④ "终身教育"一词最早由英国成人教育家耶克斯利（Yexley）在 1929 年出版的专著《终身教育》一书中提出。⑤

出台实施阶段就是指：1965 年 12 月，联合国教科文组织在法国巴黎召开了第三届国际成人教育委员会会议，成人教育家、终身教育理论的首倡者保罗·朗格朗（Paul Lengrand）以"education permanente"为题作了学术报告，并在这一学术报告中正式提出"终身教育（后来改译为 Lifelong education）"概念。⑥ 这是终身教育思想真正概念化的开始。保罗·朗格朗在 1970 年写成的代表作《终身教育引论》就是在这个学术报告基础上完成的。终身教育是在教育发展历程中孕育出来的。有了终身教育的概念的提出，许多学者就对终身教育进行理论思考的过程。从此，终身教育作为一种理念或一种思想跃入人们研究与实践的视野，人们就为之不断地进行探索着与思考着。当然，对于许多国家来说，要比较一致地落实终身教育，实践终身教育需要付出很大的努力。

终身教育理念对一个国家的影响如同教育对一个人的影响一样，没有经历深刻的体会是不容易感受的。对终身教育的重视程度也反映了一个国家对教育的重视程度，也折射出一个国家的国民对教育的认识与需求程度。"人民对美好生活的向往，就是我们的奋斗目标"口号的提出，让我们十分振奋。其实，美好生活的向往，也是每一个人奋斗的目标，要实现这一国家与人民的目标，

---

① 项贤明. 泛教育论 [M]. 太原：山西教育出版社，2002：192.
② 项贤明. 泛教育论 [M]. 太原：山西教育出版社，2002：193.
③ 项贤明. 泛教育论 [M]. 太原：山西教育出版社，2002：192.
④ 尤小平. 终身教育与高校图书馆 [J]. 福建师大福清分校学报，1998（3）.
⑤ 仝洁，高丽. 终身教育的思考及其批判 [J]. 市场周刊财经论坛，2004（8）.
⑥ 王洪才. 终身教育体系的建构 [M]. 厦门：厦门大学出版社，2008：34.

教育本身就是一种实现美好的生活向往的重要需求，而终身教育本身就是一种要落实的内容。

一、从终极目标来说，终身教育与教育是一脉相承的

其实，广义的教育是终身性的，也包括自我教育和学习。每个人无时无刻不在接受广义的教育，并进行不断的自我教育与学习。人们常说的，"活到老，学到老"也便是归为广义的教育范围。而且带有"休闲教育"性质，并且，朗格朗认为，提高人们闲暇生活质量，既是终身教育应有之义，又是终身教育的重要内容和重要方式。① 在朗格朗看来，终身教育的主要目标在于"实现更美好的生活"，或者是"从中吸取一切有益的东西，使人过一种更和谐、更充实、符合生命真谛的生活。"② 如此说来，虽然有时让我们看到所进行的终身性的自我教育与学习或许还是低水平的，但却是自由、充分和个性化的。

我们现在来探讨狭义教育所具有的终身教育性质，可以提升教育的水平与质量。它必须融入教育的生命意味，必须让教育在一生中完成。其实，教育的一种理想也是实现终身教育。终身教育也是教育理想的一种最重要的表达方式。从普通教育学这一门课程来看，我们都能看出终身教育在今天是现代教育的一个重要特点。也可以说，终身教育就是现代教育的表达。事实上，真正教育从个体服务来说，其关注点也应该是终身性的。没有对人一生的展望，教育也是不完美的。当然，对教育与终身教育的一致性认识还远不止这些。

所以，从终极目标来说，教育与终身教育是一脉相承的。人生的终极目标是为了人的自由充分的全面的发展，或者说是生命意义的实现。本来教育受到各国重视，变成终身教育在各国受到重视是在常理之中，但我们看到，在许多国家却不容易作为一种常规教育让人接受而加以落实。

二、社会发展中不断提供终身教育创立的条件与需求

社会要发展，国家要振兴，依靠教育是人们不会反对的事实。有一些很重要的观点认为，社会发展是终身教育创立的条件。首先是技术革新和信息化的发展，希望学习和教育贯穿于一生不断地进行。同时，由于技术的革新也增添了人们余暇的时间，更让人有时间进行终身教育可能。另外，社会发展，人们对福利的关心，延伸到学习与教育问题，这些都促成终身教育获得不断发展。

---

① 刘雅丽. 终身教育与终身学习的现代思考 [M]. 长沙：湖南人民出版社，2008：14.
② 刘雅丽. 终身教育与终身学习的现代思考 [M]. 长沙：湖南人民出版社，2008：15.

当然，还有老年人口增加、寿命延长，等等。终身教育概念提出后，虽然也有人持保留态度，有些国家的人指出，"终身教育可能使成年人永远也无法成年"，担心"终身教育不仅使人得不到生活、活动和创造，反而不得不遭受没完没了的学徒生活的磨难"。① 不过，这种声音随着社会发展至今越来越少。我们可以肯定的是，现在无论哪里，国家社会为学校所提供的条件，是前所未有的好。人们想到学校学习的积极性也是空前的。但真正学校能释放教育的作用或者说人们能真正从教育中体悟学习的意义，还要经过很长的路。而且要使人们真正相信教育的作用还需个体投入生命的经历与体验。不然，我们仍然看到学教育之人的无用武之地，或无效益表现。或者说教育所带给人们的效果并不是想象中那么明显。在许多地方，教育可有可无现象依然存在。

今天，联合国教科文组织提出"教育第一"的想法，也只有在"教育语境"中表现得淋漓尽致，换一个语境，教育往往就会被人抛到一边。教育学科自身功能发挥当然要思考，但社会发展真正需求也不是不要注意。人们皆认为学了教育可以解决教育中的一些问题，但其实许多人最不想用教育来解决教育之问题。或者希望别人这样，自己却不愿践行。甚至有人不惜一切代价在教育内干不是教育的事。这也是不重视教育的现象，我们当引起注意。终身教育在一些国家的推行还需要一段时间。

三、教育普及中不断向两极延伸与提升

社会在发展，任何一个国家，对于教育来说，也在不断推进教育的普及以提高全民素质与素养。凭良心来说，任何一个国家都会考虑国民的教育程度如何不断提高。所以，普及教育最好是全民性和终身性的。小学教育向下发展幼儿园教育，再到0~3岁早期教育；向上普及中学教育、大学教育、成人教育再到老年教育，从而实现终身教育。而且，还可以推测，人生做好0岁到15岁前后教育，可以影响到60岁左右的人生成长；做好60岁到75岁左右的15年教育，也可以为人走向100岁的人生打下坚实的基础。虽现在还无法拿出更多的数据让人相信以上这些推测观点，但教育对人的作用越来越重要已不言而喻。不过，教育的普及具体到任何一个国家却可能是阶段性的。我们进一步可以看到，教育对人的发展作用越来越被人们重视。当然主要是对新生一代的重视，似乎这样做也更让人理解与接受，毕竟儿童是祖国的花朵，是民族的希望。现在各国都在重视早期教育，甚至对胎教表现出从来没有过的重视。这与

---

① 查尔斯·赫梅尔著，王静等译. 今日的教育为了明日的世界 [M]. 北京：中国对外翻译出版公司，1983：28.

科学教育发展有关，也与人们对教育的认识提高有关，更与人类社会的进步有关，虽然有些教育行为未必能真正做到对教育的重视。相比而言，人们对成人教育重视，就没有像对学前教育那么认真，但对许多国家来说，还是表现了不断的重视，这在今天也已是不争的事实。各国都在考虑着国家国力水平而在不断进行成人教育成本投入，当然也存在认识水平问题。各国在学习型城市建设推进过程中获得较大的成绩，但国与国之间，地区与地区之间却也存在不平衡、不充分的发展。即使开展活动的地方，也多是轰轰烈烈的活动，成绩平平的表现。

现在我们正在关注的是，少子化带来的教育影响，工业化城市带来的人口流动，不时影响着农村教育的发展。值得一提的是，一些乡村在消失，或者说在不久的将来就要消失。许多乡村学校无法生存，乡村教育落后已是人们不得不关注的问题。振兴乡村其中一个重要方面就是要振兴乡村教育。乡村教育在中小学教育普及中也要向成人或老人方面进行普及与提升。许多农村闲置空间要在今天发挥重要作用，并焕发光彩。乡村老人需要享受更好的教育与生活。这是我们的期待与呼唤。

四、终身教育的提出可以调整各种教育不适应情况

终身教育观念和理论是第二次世界大战之后在成人教育的经验基础上形成的。终身教育的提出，是一种思想或观念。对于整个人类社会来说还是一种理想。关于终身教育的提出，其实许多教育文献都有不一致的表述，但有一点就是教育本身也是在促进着人们的发展。终身教育是给教育一个大方向理想的指引。1965年提出的终身教育概念受到大多数人所认同。在1970年出版了《终身教育引论》，成为终身教育的一本经典著作，从此以后，终身教育作为一种理念在国际上不断推展。不过，在许多国家终身教育与成人教育或继续教育存在两张皮或冲突，甚至倒置现象。在我国，相当长时间内也存在把终身教育置于现代国民教育之外进行。这也许是国民教育太强势，不理终身教育；也许是终身教育太理想无法让人去落实。许多国家还需要不断认识终身教育的内涵及重要性。现在令人高兴的是，我们国家对终身教育的再度重视，实际上，现在教育中出现的各种问题，是可以通过终身教育得到比较好协调的。不过，人们可能相信这一解决问题的前景，但却难以看到这一效果的落实。

五、终身教育是新世纪教育的一大显著性特点

随着信息网络化进程发展，各国对政治思想道德教育普遍呈现出国家主义特征。其实，任何一个国家对于人才培养的方向性问题都表现出极度的重视，从历史来看，古今中外，莫不如此。这点可以在许多方面都得到表现。当今，我们十分重视做好思政课程与课程思政的工作，也表明这一点。实际上，"二战"以后，各国的教育的改革和发展都呈现出一些新的特点。这种改革的特点表现在教育的所有特点中得到升华，即在教育外部表现为教育的民主化进程加快，特别重视教育公平公正问题；在教育的内部表现在对人的发展的重视上，即教育的终身化与全民化以及个性化问题；对教育内容多表现为多元特点；在教育手段上表现为现代教育技术大力发展与支撑。这种发展影响着21世纪世界教育发展的趋势表现：一是全民教育（教育的普及）；二是教育民主化（教育的公平与公正）；三是教育信息化（教育的网络化）；四是教育全球化（教育国际化）；五是教育个性化（"自由个性"的崇尚）；六是终身教育化（学习型社会）。①

事实上，顾明远先生早在20世纪90年代就已提出现代教育基本特征问题，包括：（1）基础教育的普及化和高等教育的大众化；（2）教育的终身化；（3）教育结构的多样化；（4）教育内容的现代化；（5）教育技术的广泛应用，教学方法的不断更新；（6）教育的国际化；（7）教育观念的现代化等。② 新世纪新时期，他又发表理解现代教育基本特征：一是教育的民主性和公平性；二是教育的终身性和全时空性；三是教育的生产性和社会性；四是教育个性性和创造性；五是教育的多样性和差异性；六是教育的信息性和创新性；七是教育的国际性和开放性；八是教育的科学性和法制性。③ 我们从中看出了教育发展趋势与方向。教育的重要性也可以从中看出一二。但令人感到遗憾的是，人们对于教育的认识在很多时候在很重要的层面，也只停留在文件之中或理论阐述中，就是从事教育者本身也是没有能实现这样的理想。

同时，我们看到，现代学校的出现和发展，是对学校教育制度化的总体巩固与发展。无疑，如何做好学校教育制度化工作还需要不断的努力。因为人们发现，学校发展中要实现学校的职能而不产生偏离是十分困难的事。现在人们发现，"学校繁荣，教育衰败"现象屡见不鲜。这告诉人们，办学校要实现教育功能也不是容易的事。今天的学校时时处于变革中，没有变革就没有发展，没有创新就没有发展。但学校的变革由谁来决定，由什么来定夺，似乎人们也是十分的混沌。进入21世纪以后，教育在数量上获得更大的发展，义务教育

---

① 全国十二所重点师范大学联合. 教育学基础（第3版）[M]. 北京：教育科学出版社，2014：400.
② 顾明远. 民族文化传统与教育现代化 [M]. 北京：北京师范大学出版社，1998.
③ 顾明远. 试论教育现代化的基本特征 [J]. 教育研究，2012（9）.

普遍向中等教育上延伸，并冲向普及高等教育。向下表现出十分重视学前教育的不断发展。人们感到，对幼儿教育的重视将是对人生命及其生命教育的重视，这种呼声有增无减。职业教育发展受到普遍重视，人们更关注教育的生活功能的实现。在重视成人教育和继续教育之下形成重视终身教育的势头有增无减，但对于不同国度的人们却因认识不同或经济条件不同而发展不平衡。

一直以来，人们对社会的发展，总是先物质，后文化，先经济，后教育。而较少甚至没有想到教育对于经济社会发展的重要性，更没有想到教育对人发展的终极意义。一直到人力资本理论的提出，人们才发现了教育的重要价值与功能。更难想象，未来的社会，或者说，这一社会已经到来，教育与学习就是人的一种工作，甚至是终身的工作。全体人们的学习与劳动，将是人类的需要。我们国家对于教育，在改革开放后，十分重视。人们从"教育优先发展"到"科教兴国"，再到"教育第一"的呼声不断增加，我们一方面看到了人们对教育的认识不断提高，看到了人们对于教育的重视程度不断加深，而且也看到，国家对教育的投入与重视也达到从来未有的程度。但另一方面，也看到教育成效不明显，同时也发现教育在许多时候无所适从，举步维艰。这是教育的效果不佳，而产生教育的功效不好，还是我们并没有掌握教育的科学规律呢？抑或是教育选择的立足点还存在偏差呢？还是搞教育的人心浮躁呢？这给我们带来了深深的思考。我们期望，终身教育的提出及其理念的不断推广与实践是一个新时代新教育实现的重要切入点。新时代到来一定能给我们伟大的力量与灵感，也带来新教育的蓬勃发展。

第二节 终身教育的基本流派

一、终身教育思想的主要流派

（一）理念型终身教育论

1965年到1970年是现代终身教育理论发展的第一个阶段，可称为终身教育理论的"初创期"。主要代表人物为保罗·朗格朗、埃德加·富尔（Edgar Faure）和戴维（David），被称为理念型终身教育学派。其观点表现：一是原理性非常显著；二是具有高度的抽象性；三是理想主义色彩深厚。

(二) 反体制型终身教育论

1970 到 1985 年是现代终身教育理论发展的第二阶段,是终身教育理论由欧美主导型逐渐向第三世界主导型转换的时期,称为"转换期"。仅仅成为应对社会的必要手段还不足以体现终身教育真正的本质,而为受到压迫的人们、备受轻视的劳动者以及第三世界贫困的人民获得解放而服务,这才是其终极的目标。

(三) 集体主义终身教育论

第三阶段流派是以马克思主义理论为基础的"社会主义、集体主义终身教育论"。这一阶段是终身教育开始由理念或思潮全面转向一种社会实践,以及进行政策化和法制化的实践探索及实施阶段。

以上三种理论不仅代表了三个观点,同时也说明了终身教育从理念到实践的深入,从强势群体到弱势群体的普及,从民间到国家的重视,并从立法等方面得到保障的过程。只不过,不同的国家因各方面的条件不同而进行了不同程度的理解和落实。

二、终身教育目的论

为什么要进行教育?这在教育目的中找到了一些答案。但为什么人还要进行终身教育呢?这又是为了达到什么目的呢?这也是终身教育研究中的基本理论问题,对此不同的学者有不同的理解。这里主要阅读了王洪才教授所著的《心灵的解放与重塑》[①] 一书后,参照其一些观点作一些介绍。

(一) 知识无限论

人生有限,知识无限。我国道家庄子说过:"吾生也有涯,而知也无涯,以有涯随无涯,殆已!"(《庄子·养生主》)"活到老,学到老"也是这种理论的典型反映。人们认识到了知识无涯而人生有涯的道理,所以产生了终身教育思想,但这时的终身教育思想只是个体的事情,而没有像今天教育所进行的是一项社会的事业,并不断地走向制度化建设。

---

① 王洪才. 心灵的解放与重塑——个性哲学的终身教育论 [M]. 北京:教育科学出版社,2011: 56.

(二) 补偿教育论

第二种终身教育理论是补偿增长率论或成人教育论,即认为终身教育就是要打破一次性教育机会,通过提供多次教育机会,为那些前期没有获得教育机会的人提供补偿。这种理论主要在 20 世纪初,在普及教育运动的基础上提出的一种理论,主要基于教育机会分配不平衡的现实而提出的。这种不平等主要针对正规教育,实际上,是强调让学校教育机会扩大到终身。

(三) 继续教育论

第三种终身教育理论是继续教育论,出现在 20 世纪 60 年代,是技术革命的产物。这种代表人物是保罗·朗格朗,其代表作是《终身教育引论》。这种理论认为,传统教育是将教育与职业分开的,随着科技革命的出现,产生了大量新知识,已从事工作的人必须继续学习,继续接受教育。这种教育理论也可以叫职业教育论。所以,传统教育是一次性的、不全面的教育,终身教育则是终身性的、全面的教育。实际上,也主要是针对正规教育而提出的理论。

(四) 知识爆炸论

第四种观点则是在 20 世纪 70 年代出现的较新的终身教育理论——知识爆炸理论。以托夫勒 (Toffler) 为代表所倡导的理论认为由于科技革命导致知识激增,从而使人类知识发生了巨大的变化,从而要求人们必须接受教育和终身学习。这一理论对终身教育思想的广泛传播起到了巨大的推动作用。

(五) 职业转换论

第五种理论就是职业转换论,该理论产生于 20 世纪 60 年代,流行于 80 年代。其出发点也是因为科学技术的不断发展,新的工作岗位大量出现,人们需不断转变自己的工作岗位,进而需要接受新教育。这一理论观点受到了后工业社会理论和信息社会理论支持。

(六) 和谐发展论

第六种观点是社会和谐发展论,这一观点与 20 世纪 60 年代兴起的教育公平理论有很深的渊源关系,也是当前广为流行的一种终身教育理论。和谐发展论认为,终身教育将大大扩大教育机会,为人们获得平等的教育机会提供便利,建设终身教育体系有助于满足人们的精神需求,有助促进社会和谐。总之,教育有助于促进公平,有助于满足个性需求,教育促进社会和谐。

（七）生命幸福论

在思考终身教育理论过程中，我们进行了在生命意义观照下的终身教育、人生幸福与和谐社会等关系的探讨，认为生命幸福理论可能也是一种解释终身教育的理论。我们正在尝试这样一种理论的思考。它表达的是人从生命开始、生存、生活，到素质提升，创新力培养到生命意义的实现过程；它述说的是身体发展到心理发展到灵性开发，人生幸福追求和人的全面发展过程。人之所以是人，追求的是人的生命意义实现与人生幸福的圆满。

第三节 终身教育的外在表现形态

一、成人教育

（一）终身教育与成人教育

从成人教育的存在意义上来说，古代学校教育包括成人在学校接受教育，孔子办的私学，学生年龄相差很大。倒是到了现代学校，多只是重视儿童青少年教育，学校教育是儿童青少年的事，成人是工作而没有受教育的事情。所以，人们的传统理解，学校就是对儿童青少年的教育，而与成人无关。成人教育是一定历史时期的发展产物。在终身教育概念还没有提出之前，成人教育却成为人们思考的重要问题。

今天人们已把成人教育作为一门学科进行了有意义的建设，在各个国家成立相关机构做好成人教育工作。许多国家在成人教育上，存在着学历教育与非学历教育并存状态，为社会教育做出了重大的贡献。朗格朗提出终身教育概念也是以成人教育家的身份提出的。其实，终身教育就是成人教育发展到一定阶段提出的概念。用历史的眼光去审视，终身教育思想起源于成人教育的发展。[①] 1919 年，英国建设部下属成人教育委员会公布的一份报告首次将"成人教育"确认：要为成人提供受教育的机会"不仅应该是普遍的，而且是终身的"，这一观点便认为是最早将终身教育与成人教育联系在一起叙说。但就现在来说，终身教育内涵比成人教育更广、更丰富，终身教育是上位概念，而成

---

① 单中惠. 西方教育思想史［M］. 北京：中国人民大学出版社，2017：565.

人教育是下位概念。朗格朗认为，成人教育是终身教育体制中的"火车头"。有学者认为，终身教育的重点在成人教育，难点也在成人教育。① 许多国家地区提出的终身教育政策与法规条例，主要把终身教育理解为成人教育。在很长一段时间内，人们理解的终身教育主要指的就是成人教育。但在理论上，把终身教育与成人教育放在一起思考是不妥的。

从另一个角度来说，进入 21 世纪以后，由于受终身教育、终身学习和学习化社会的影响，成人教育突破了传统思想上的认知，使得成人教育渗透着终身教育的思想，大大地丰富了成人教育内涵，对成人教育而言是突破性和革命性变革。所以，21 世纪的成人教育不再是补偿教育，而是构建学习型社会的一种手段之一，是以成人学习为核心，服务于成人自我发展的终身性教育。② 因此，成人教育已被终身教育所代替，终身教育思想和观念成为国家战略层面的重要内容，培养人民学习化观念和构建学习化社会将作为终身教育重要工作内容。

(二) 成人教育学科建设中终身教育学科建设崛起

成人教育学的学科特色在于成人性。成人教育学的学科价值在于实践性。诺尔斯（Knowles）从成人学习者的特性出发，以学习者为中心，以满足学习者的个人实现为目的，重视学习者的自我概念、经验作用、学习需要和学习动机，强调学习者的自我导向性和教师作为学习者的促进者角色，提出由成人学习特征决定成人教育目的、课程设计和教学过程，奠定了成人教育学的理论基础，使成人教育学逐渐从教育学内部分化出来，成为一门分支学科。③ 在终身教育思想倡导下，在终身学习活动开展下，成人继续教育走向融合与融通发展，机构由成人教育变为继续教育，人员由成人变成老人为主的教育。继续教育中针对成人，成人中进行继续教育。2015 年新修改的《中华人民共和国教育法》第二十条将第一款的"成人教育"修改为"继续教育"，标志着对成人教育的弱化。所以，成人教育学科建设必定带来成人教育由终身教育所代替。这虽然只是一个起步，但在不远的将来一定能实现。随着人口老龄化趋势日益严重、科学技术迅速发展及人们闲暇时间逐渐增多，具有终身性内涵的成人教育是打开 21 世纪光明之门的一把钥匙。终身教育学科取代成人教育学科时代必会到来。

---

① 吴遵民. 实践终身教育论 [M]. 上海：上海教育出版社，2008：15.
② 李华金，史文浩. 中国成人教育概念的历史演进 [J]. 中国成人教育，2017 (24).
③ 凌玲. 试评诺尔斯成人教育学理论 [J] 继续教育，2012，29 (12).

二、继续教育

（一）继续教育学科研究

自 20 世纪 70 年代起，继续教育、成人教育与社会结构和变革的关系问题的研究逐渐成为一个研究的热点。巴西著名的教育家保罗·弗莱尔（Paulo Freire）主张成人教育、继续教育的首要任务就是要促使社会和政治的变革，他的主张在发展中国家得到了广泛的认同。

自 20 世纪 80 年代以来，国际继续教育研究最引人注目的发展反映在两个方面：一个是国际范围内继续教育比较研究的广泛开展，增强了各国之间的相互交流、取长补短进行研究的需要，促使有关继续教育的国际会议、合作研究、资料交流空前的活跃。另一个是马克思主义理论在西方继续教育领域的复兴，一些西方学者开始运用或借鉴马克思主义观点来控制和影响继续教育过程，为继续教育研究注入了新的活力。

综上所述，国外继续教育理论及研究表现出如下特点：一是继续教育学科得到建立和发展；二是建立了专门的研究机构和组织；三是其研究受到了各国普遍的重视和支持；四是国际的继续教育比较研究广泛开展。

自继续教育概念引入我国后，在我国获得长足的进展。至今已延伸到终身教育，成为建构终身教育体系、建设学习型社会的中坚力量，但继续教育学科还在探索中。早在 20 世纪 90 年代，肖秋立、晋淑霞学者提出以继续教育活动的规律为研究对象的一个新兴高等教育学科建立的思考。[①] 曾祥跃认为，当前继续教育的学术研究热烈、学术研究成果丰硕、学术研究刊物众多、学术研究机构蓬勃发展，标示着继续教育学科的成熟，从而呼唤着继续教育学科建立。[②] 如果成人教育已被继续教育所取代，当然要研究继续教育学科建设问题。而且，人们还探讨了"'社会化的教与学的活动'是继续教育学的逻辑起点中"。[③] 当然，终身教育学科建立便是可以调整成人教育与继续教育学科建设中的尴尬局面。

（二）终身教育与继续教育关系

终身教育思想的传播对继续教育研究的深入开展起着重大的推动作用。

---

① 肖秋立，晋淑霞. 继续教育学简介 [J]. 中国电大教育，1992（8）.
② 曾祥跃. 继续教育学科论 [J]. 当代继续教育，2016（6）.
③ 曾祥跃. 继续教育学逻辑起点论 [J]. 当代继续教育，2017（2）.

1970年法国教育学家保罗·朗格朗发表的《终身教育引论》一书和1972年国际教育发展委员会向联合国教科文组织提交的关于国际教育策略的研究报告（题目为《学会生存》）都提出了传统的学校教育体制必然为终身教育体制所代替，最终走向"学习化社会"的发展方向。这对继续教育、成人教育研究持久地发展具有极为重要的意义。

现在我们需要指出的是，成人教育在我国已基本完成历史使命，而代之的是对继续教育的关注。但应该看到，继续教育在我国还处于弱势阶段，还有许多问题需不断的探讨，并不断推向前进。党的十九大报告着重强调："办好继续教育，加快建设学习型社会，大力提高国民素质。"所以，如何大力发展继续教育，还是国家面临的重要任务。人们发现，现代成人教育始于19世纪，继续教育和终身教育始于20世纪中叶，终身教育是随着继续教育的形成而产生的。成人教育是最初始的教育形态，继续教育是成人教育形成中的高级形态，成人教育与继续教育也都是终身教育的核心内容。终身教育是在成人教育、继续教育影响下产生的当今最具有革命性的观念。[①] 其实，继续教育未必比成人教育来得高明，也许成人教育更包容，更理想，更加让人理解，每个人成人过程也是一生要完成的过程。继续教育从其发端来说，更加重视技术教育，更注重实际应用，契合了目前应用型人才培养，但缺失了人的培养。不过，从许多资料表明，成人教育与继续教育已走向融合。事实上，现在用终身教育来统领各种教育形态是一种良好的选择。我们也相信，随着社会不断发展，终身教育在充当各种教育形态指导理念同时，必将走向现实，从理念、原则和精神走向实践，在不断得到国家制度保障同时，并实现立法的确立，来更好地为人民服务和中华民族的伟大复兴服务。

三、社区教育

（一）社区教育的含义

社区教育是指在广泛社会生活和生产过程中所进行的教育活动。在终身教育与终身学习的时代，社会教育的内涵和外延也正在发生这样那样的变化着，要引起我们每个人的关注。一般认为，社会教育具体表现在社会中的各个社区。

社区是社会学中一个从空间形式反映人们社会生活的概念，是和一定地域相联系的社会生活共同体。作为具有相对独立性的社会实体，社区包含下列要

---

① 丁保朗. 成人教育、继续教育、终身教育概念之诠 [J]. 成人高教学刊, 2006 (2).

素：有以一定生产关系与社会关系为纽带组织起来的进行共同生活的人群构成该社区的主体；有供这些人群赖以从事社会活动的有一定界限的地域；有相互配合的适应各社区生活的制度和相应的管理机构；有相对完备的服务设施；有基于一定的经济、社会发展水平和历史文化传统的社会文化、生活方式，以及与之相连的社区成员对所属社区的认同感、归属感和亲近感。随着社会的发展，社区已不完全是一个地域概念，以社区为依托来发展教育，使学校、家庭、社会趋于一体化，已经是构建终身教育体系的重要途径。

社区教育是在一定区域内利用各类教育资源，开展的旨在提高社区全体成员整体素质和生活质量，服务区域经济建设和社会发展的教育活动。社区教育在欧美国家发展比较成熟，在 20 世纪后传入中国。在国外，尽管对社区教育的界定也是多种多样，但总的来说可以从教育的视角和社会的视角来进行分析和把握。从教育的视角来看，社区教育成为打破正规学校教育的一种组织形式，强调社区教育是学校教育的开放过程和结果，同时也是全民教育和终身教育的体现，其核心是"共同参与，资源共享"；而从社会视角来看，社区教育则体现为为社区服务、促进社区发展的一种社会活动。社区教育是在一定社区内，凭借社区力量，根据社区居民的需求充分有效组织和实施的各级各类教育，其中包括母亲教育、婴幼儿教育、青少年教育、普通教育、继续教育、职业教育、老年教育等。其根本特征表现为开放性和整体性，侧重于正规教育以外的教育，它本身就是一种终身教育形式。但因为社区教育所面对教育对象是一定区域的居民，所以，社区教育是立足于社区，为社区服务、推动社区发展进步的终身教育。也有学者认为，社区教育是一种全员、全程、全方位的教育活动。所谓全员教育，是指面向社区的全体成员，为全体成员服务的教育活动；所谓全程教育，是指面向人的终生，为人的终生发展服务的社区教育活动；所谓全方位教育，是指为满足社区成员各方面的教育需求服务的社区教育活动。

（二）终身教育与社区教育

以居住地为中心的社区教育便成为实现终身教育的重要途径。积极开展社区教育，对于提高全体社会成员素质，推动学习化社会的到来，促进社会的全面进步与和谐发展，具有重大的战略意义。社区教育的大发展则需要大量思想觉悟高、具有终身教育专业知识和社区管理实践能力的专门人才。

社区教育是实现终身教育的重要途径。社区教育作为终身教育的切入点和重要的有效实现途径，在当前我国发展终身教育缺乏可以操作和借力的平台的情况下，为实现社区居民终身学习提供了基本保障。社区教育既是社区成员实现终身教育的主要途径，也是终身教育的重要组成部分。

首先，社区教育以人们最基本的居住地社区为依托，是创造"处处可学习"的学习化社会环境的重要途径和方式。社区是社会构成的基本的细胞，发展社区教育，即使这一最基本的细胞浸润于学习的环境，为人们提供最便利的学习资源和学习环境，使居民在家门口即可以拥有学习的机会与条件。

其次，社区教育面向最广大的基层社区群众，可以有效实现教育对象的全民化，有利于实现终身教育所提倡的"人人可学习"的教育理念。与正规学校教育面向特定对象不同的是，社区教育面向的是全体社区成员，包括各个年龄阶层、各种学历水平、各种职业的居民，是一种全纳的教育。对于没有机会条件接受正规学校教育的社区群众尤其是底层社区群众而言，社区教育显然有效地弥补了这一缺憾。

第三，社区教育是一种依托社区、针对社区居民需求的教育形式，可以有效地满足社区居民各个不同时期的学习需求，实现终身教育"促进个体终身可持续发展"的理念。社区教育以全体成员为对象，从人的全面发展的实际需要出发，充分尊重其成员的学习权利和要求，教育内容多元化、多层次化，以尽量满足社区每个成员的教育需要；教育形式多样化，既采用正规的教育形式，也采用非正规甚至是非正式的教育形式，以适应每个人的特点、习惯和爱好，能够公平地时时、处处为社区成员提供学习机会。

第四，社区教育与人们的生活密切结合，是一种在生活中和为了生活的教育，体现的是一种"生活即教育，教育即生活"的大教育观，有利于转变人们的学习观、教育观，创建全民学习、终身学习的氛围与条件。在人们传统的观念中，生活、工作与教育在时间和空间上是隔离的，社区教育旨在打破这种隔离，将教育活动渗透于人们的日常生活，在生活中学习，兼顾学习、工作和生活，其目的即在于提高工作与生活的质量。

第五，社区教育可以充分整合、开发、利用社区教育资源。在未来终身教育体系中，社区教育起着承接和联络各种教育形式的纽带作用，是对各类教育资源进行整合的枢纽。

第四节 终身教育未来发展展望

一、国际终身教育的未来发展展望

（一）全球合作交流将更加密切

在全球化持续深入发展背景下，在联合国教科文组织等国际组织的倡导和推进下，终身教育的国际交流合作将越来越密切。一方面，联合国教科文组织、国际经济与合作组织、欧盟等越来越重视并加大推动终身教育的国际交流合作，加强国际合作组织建设与网络建设。以联合国教科文组织终身学习研究所的积极努力为例，该所是联合国对于终身学习具有全球指导权的国际机构，把终身学习推广为21世纪教育的典范。机构将与联合国的其他机构如联合国粮食及农业组织、国际劳工组织、联合国儿童基金会、世界卫生组织加强合作，与地区性、国际性组织如非洲教育发展协会、法语国家和地区教育部长会议、亚欧会议终身学习中心、欧盟委员会、经济合作与发展组织、世界银行等建立更为紧密的联系，与捐赠方如瑞士合作促进发展署、德国外交部、尼日利亚常驻代表团以及北欧国家等保持密切合作，以推进全球终身教育的发展；还将不断寻求新的合作伙伴，与国际公民组织如亚洲及南太平洋地区成人教育总会执行委员会和欧洲成人教育协会等加强合作。另一方面，各国家和地区愈加重视终身教育的国际交流合作，力求与更多的国家建立起紧密的终身教育合作体系，进行相关人才、信息和经验的交流，提升终身教育的水准。

（二）建设学习型社会将成为重要方向

自1966年学习社会出现以来，建设学习型社会已成为并将进一步成为各个国家和地区的终身教育发展的社会愿景：在学习社会中，每个个体能拥有均等的学习机会，运用丰富的学习资源，以自学或参与不同类型学习组织的学习方式从事终身学习活动，满足多元化的学习目标。在国际组织层次上，联合国教科文组织制定的2015年后规划，其首要目标是通过建立学习型社会等措施保证在2030年前使全球公民享受到公平教育和终身学习的机会；在联合国教科文组织与中国联合举办的国际学习型城市大会《北京宣言》中，也提出发展学习型社会愿景，并认为这种愿景只扎根在地区、城市和社区，只能通过一个一个省、一个一个城市、一个一个社区来建设学习型社会。而欧盟发表的《教与学：迈向学习社会》白皮书中，也要求欧盟各会员国通过努力与彼此合作，促使欧盟成为一个真正的学习社会，欧洲委员会还设立了"迈向欧洲学习型社会"项目组。在国家和地区层面上，建设学习型社会也已经成为很多国家和地区的教育改革目标。很多国家和地区致力于构建以"学习型社会"为目标、具有宏观意义的国民教育体系，如英国国家继续教育与终身学习顾问小组发表了《21世纪的学习》，提出要创建"全民终身学习文化"，实现"学习社会"的目标。从各国家和地区的情况看，还有一个重要的取向是，从终身教育的立场出发，把基础教育置于一种大教育的背景框架之下，建构基础教育与其他教育的关系，最终为基础教育的未来发展，提供一个更为灿烂的前景。

（三）现代信息技术手段将发挥更大作用

21世纪初，现代信息技术蓬勃发展，全球信息网络趋势进程加快，社会日趋信息化和网络化。一个超越时空的虚拟网络空间正在形成，人们将生活在三个空间：地理物理空间、现实社会空间和虚拟网络空间。现代科技与信息的整合，使得人们可以摆脱时间、地点和学习方式的限制，时时处处都能够通过互联网获得他们需要的学习资源和服务，也使得知识技能的表现形式更加直观易懂、便于人们消化吸收，还使得个体拥有更多的自由支配的学习空间，由此，个体可以通过多媒体、虚拟网络空间获得更多新学习的机会。这势必使国际终身教育发生深刻的变革。

而从实践来看，目前很多国家和地区在推进终身教育过程中，都十分重视运用现代信息技术，积极探索通过现代信息技术手段，建构多元的虚拟教育学习环境，扩展与延伸终身教育的时间及空间。比如，很多发达国家和地区，如美国大部分中小学已经实现了校内联网、每个教室都能上网的目标；日本政府近年加大了用于新教育媒体的研究、开发和利用的投入，先后实施了以学校设施的网络化、综合化和多媒体化为主要目标的学校设施智能化推进项目、多媒体大学实验项目；韩国正在努力搭建"在线终身学习综合服务网络"，制定构建韩国型"慕课"平台的基本计划。运用现代信息技术扩展终身教育的机会与途径，已然成为终身教育明显的国际发展趋势。

二、中国终身教育的未来发展展望

（一）终身教育的治理体系将逐步健全完善

终身教育较为发达的国家实践经验表明，健全的终身教育管理体系，是促进终身教育顺利发展的重要保证。从我国的情况来看，目前尚没有建立国家层面的直接主管与推动终身教育的机构，对终身教育的管理由成人教育机构来实施，在中央由教育部职业教育与成人教育司来管理，在地方由各级成人教育主管部门管理，从制度上是把终身教育纳入成人教育的范畴，这不利于终身教育的健康持续发展，因为终身教育是贯穿人的一生的教育，不能将终身教育局限于成人教育之内。为此，健全完善终身教育管理体系，将是未来重要的努力方向。其一，要在终身教育理念统领下，制定并颁布终身教育法，从法制上保障终身教育的实施。其二，在模式上，要适应推进国家治理体系和治理能力现代化、自治共治等国家发展战略，吸引社会、企业和民众的参与，逐步建构政府引导下的共治模式。其三，在管理主体建构上，从有利于推进终身教育治理体系现代化，在中央层面，可探索构建终身教育领导小组（或委员会），由教育部门、宣传部门、人社部门、科技部门等相关职能部门共同组成，并吸收教育专家、部分大学校长等加入，共同推进终身教育共治。同时，可依托教育部设立终身教育规划司或其他专门的终身教育主管部门。在地方层面，各省、地市可参照中央做法，根据实际需要设终身教育委员会等。

（二）新一代人工智能将推进终身教育深刻变革和创新

当今社会，机器的智能与人的自然智能正在快速融合，产生更为强大的智能体。在这样的人工智能时代，赋予终身教育育人目标新要求、新内涵。人类社会更为需要的是兼有人工智能技术能力与软性素质能力的复合型人才。所谓软性素质能力，是指创新素质及其创造能力、情感沟通能力、解决复杂问题的综合能力等。要达到和满足育人目标这个新要求新内涵，必须对构成终身教育的诸类教育实施一系列改革，包括育人体制机制、教学内容、教学方法、教学组织模式等。就育人体制改革机制而言，要将单一的育人主体改革为多元育人主体，实施"学校+X"育人主体体制；要将单一学科育人机制改革为多学科育人机制，实施"人工智能+X"多学科交叉融合育人机制。就教学内容和方法改革而言，实施智能教学与学习，开设人工智能通识性课程，组织人工智能学研创小组，创新教学模式和方法，包括人与机对话体验式、个性化定制式、"学习+行动"实践式、线上移动式等教学模式和方法。

(三) 终身教育的实施体系将更加畅通

终身教育的实施体系应是四通八达的"立交桥",从出生到老年、从家庭到学校、从学校到社会、从工作场所到课堂,不论从哪里都能畅通无阻地进入教育体系。在这方面,我国已经将其作为重要的努力方向,并做出了积极的努力。在这种形势下,我国终身教育的实施体系将更加开放、更加畅通。

其一,各级教育之间的纵向衔接将更加畅通。未来学前教育与义务教育之间、义务教育阶段的小学与初中之间以及义务教育与后义务教育之间的人为障碍有望破除。与之同时,在入学要求上进行了积极改革(如已废除已婚者不能参加高等教育考试等)和国家重视回归教育的情况下,个体进入正规教育系统继续接受教育的通道将更加拓宽。

其二,各类教育之间的横向联系将更加畅通。一方面,教育沟通平台将更加完善。国家学分银行制度和学分认证制度将得以建立健全,通过学分互认、多种证书制度、教育联盟等搭建的高等教育阶段沟通平台,可以使普通高等教育、成人高等教育、高等职业教育之间实现互转,还可以打通职业资格证书与学历教育的障碍。另一方面,在国家大力推进基于互联网的教育资源开放,学校与学校、学校与社区等之间教育资源相互开放的基础上,各类教育资源将更加开放共享。

其三,个体接受终身教育将更加灵活方便。在教育立交桥逐步健全完善后,未来个体参加终身学习更加方便,越来越弹性化,越来越不局限于固定的时间和地点。

其四,国民教育体系中的各类教育将逐步融入终身教育体系之中。在终身教育实施体系的纵横畅通进程中,学校除了向社会开放外,还应在基础教育阶段课程增加培养学习者的终身学习意识和能力的内容等。

从未来发展看,国民教育体系中,各级各类教育如何更好地融入终身教育体系,将成为今后继续研究和探索实践的重要方面。

参考文献

［1］蔡岳建．家庭教育引论［M］．合肥：安徽教育出版社，2010．

［2］曾祥跃．继续教育学科论［J］．当代继续教育，2016（6）．

［3］曾祥跃．继续教育学逻辑起点论［J］．当代继续教育，2017（2）．

［4］查尔斯·赫梅尔著，王静等译．今日的教育为了明日的世界［M］．北京：中国对外翻译出版公司，1983．

［5］陈广侠．远程教育教学质量管理体系构建研究［J］．科教导刊，2016（34）．

［6］陈莉欣．基础教育管理与质量评价［M］．北京：世界图书出版公司，2018．

［7］陈玉琨．教育评价学［M］．北京：人民教育出版社，2014．

［8］单中惠．西方教育思想史［M］．北京：中国人民大学出版社，2017．

［9］翟天山．教育评价学［M］．北京：高等教育出版社，2003．

［10］丁保朗．成人教育、继续教育、终身教育概念之诠［J］．成人高教学刊，2006（2）．

［11］顾明远．民族文化传统与教育现代化［M］．北京：北京师范大学出版社，1998．

［12］顾明远．试论教育现代化的基本特征［J］．教育研究，2012（9）．

［13］关颖．家庭教育指导者培训教程［M］．天津：天津社会科学院出版社，2018．

［14］国家教师资格统一考试规划教材编写组．国家教师资格统一考试规划教材面试实战演练 小学［M］．北京：现代教育出版社，2015．

［15］郝克明．视野战略实践——郝克明终身学习研究文集［M］．北京：高等教育出版社，2015（3）．

［16］何犇，李艺，毛文林．教育心理学［M］．成都：电子科技大学出版社，2020．

［17］黄富顺．台湾终身教育：政府的角色［J］．职业技术教育，2008

（6）．

［18］李华金，史文浩．中国成人教育概念的历史演进［J］．中国成人教育，2017（24）．

［19］廖策权，梁俊．教育心理学［M］．长春：东北师范大学出版社，2018．

［20］廖顺学，高婧，方晓路．教育学［M］．长春：吉林文史出版社，2019．

［21］林良章．终身教育学：理论与实践［M］．北京：中国轻工业出版社，2019．

［22］凌玲．试评诺尔斯成人教育学理论［J］．继续教育，2012，29（12）．

［23］刘雅丽．终身教育与终身学习的现代思考［M］．长沙：湖南人民出版社，2008．

［24］罗廷光．教育概论［M］．北京：世界书局，1933．

［25］闵卫国，傅淳．教育心理学［M］．昆明：云南人民出版社，2004．

［26］莫雷．教育心理学［M］．广州：广东高等教育出版社，2002．

［27］潘菁．远程教育教学方法改革与创新研究［J］．科技创业月刊，2018（11）．

［28］潘士君．当代家庭教育［M］．长春：东北大学出版社，2016．

［29］彭飞龙．终身学习体系学分银行的原理与技术［M］．北京：高等教育出版社，2013．

［30］时伟．教育学［M］．合肥：安徽大学出版社，2020．

［31］田屹，周虹．远程教育的理论与实践［M］．西安：第四军医大学出版社，2004．

［32］仝洁，高丽．终身教育的思考及其批判［J］．市场周刊财经论坛，2004（8）．

［33］王斌华．发展性教师评价制度［M］．上海：华东师范大学出版社，1998．

［34］王道俊，郭文安．教育学［M］．北京：人民教育出版社，2016．

［35］王洪才．心灵的解放与重塑——个性哲学的终身教育论［M］．北京：教育科学出版社，2011．

［36］王洪才．终身教育体系的建构［M］．厦门：厦门大学出版社，2008．

［37］王景英．教育评价 第2版［M］．北京：中央广播电视大学出版

社，2016.

[38] 王星．论家长素质与家庭教育艺术［J］．亚太教育，2015（24）．

[39] 王玉梁．论价值本质与价值标准［J］．学术研究，2002（10）．

[40] 吴遵民．实践终身教育论［M］．上海：上海教育出版社，2008.

[41] 项贤明．泛教育论［M］．太原：山西教育出版社，2002.

[42] 肖秋立，晋淑霞．继续教育学简介［J］．中国电大教育，1992（8）．

[43] 徐红．教育测量与评价［M］．武汉：华中科技大学出版社，2016.

[44] 杨红．再议终身教育的理论根源及现实意义［J］．中国成人教育，2010（16）．

[45] 叶澜，白益民，王栅，等．教师角色与教师发展新探［M］．北京：教育科学出版社，2001.

[46] 叶忠海．终身教育学通论［M］．上海：学林出版社，2020.

[47] 尤小平．终身教育与高校图书馆［J］．福建师大福清分校学报，1998（3）．

[48] 余彬，蒋兴旺，姜红．教育评价学［M］．成都：成都时代出版社，2019.

[49] 张成刚，刘晓敏，索海英．现代教育教学探索与实践研究［M］．长春：吉林人民出版社，2019.

[50] 张大均，郭成，余林．教育心理学［M］．北京：人民教育出版社，2015.

[51] 张际平．多媒体与网络技术的学习应用［M］．上海：上海教育出版社，2007.

[52] 张丽娟．家庭教育学［M］．北京：中国海关出版社，2008.

[53] 张妙华，武丽志．远程教育学：学与教的理论和方法［M］．广州：华南理工大学出版社，2008.

[54] 中国社会科学院语言研究所词典编辑室．现代汉语词典［M］．北京：商务印书馆，1978.

[55] 周可桢，吴回生．新编教育学基础［M］．厦门：厦门大学出版社，2020.